AF500607

ŒUVRES

DE

SAINT-SIMON & D'ENFANTIN

PUBLIÉES PAR LES MEMBRES DU CONSEIL

INSTITUÉ PAR ENFANTIN

POUR L'EXÉCUTION DE SES DERNIÈRES VOLONTÉS

ET

PRÉCÉDÉES DE DEUX

NOTICES HISTORIQUES

TRENTE-NEUVIÈME VOLUME DE LA COLLECTION GÉNÉRALE

ŒUVRES DE SAINT-SIMON

DIXIÈME VOLUME

PARIS
E. DENTU, ÉDITEUR
LIBRAIRIE DE LA SOCIÉTÉ DES GENS DE LETTRES
PALAIS-ROYAL, 17 ET 19, GALERIE D'ORLÉANS

1875

ŒUVRES

DE

SAINT-SIMON & D'ENFANTIN

PRÉCÉDÉES DE DEUX NOTICES HISTORIQUES

XXXIXe VOLUME

ŒUVRES

DE

SAINT-SIMON

PUBLIÉES PAR LES MEMBRES DU CONSEIL

INSTITUÉ PAR ENFANTIN

POUR L'EXÉCUTION DE SES DERNIÈRES VOLONTÉS

DIXIÈME VOLUME

PARIS
E. DENTU, ÉDITEUR
LIBRAIRE DE LA SOCIÉTÉ DES GENS DE LETTRES
PALAIS-ROYAL, 17 ET 19, GALERIE D'ORLÉANS

1875

CATÉCHISME

DES

INDUSTRIELS

QUATRIÈME CAHIER

AVANT-PROPOS

Ce quatrième cahier sera divisé en deux parties, et il présentera cela de remarquable, que les deux parties dont il sera composé auront un caractère bien distinct, quoique les mêmes idées soient exposées dans l'une et dans l'autre.

Dans la première partie, nous ne nous adresserons qu'à la seule raison; nous exposerons le système d'organisation sociale réclamé par l'état des lumières et par les progrès de la civilisation; nous mettrons en évidence cette vérité qui doit servir de base à toute la politique actuelle : *les intérêts généraux de la société, tant sous les rapports physiques que sous les rapports moraux, doivent être dirigés par les hommes dont les capacités sont de l'utilité la plus générale et la plus positive.*

Dans la seconde partie, nous essaierons de faire entrer en activité les passions généreuses des hommes qui possèdent les capacités les plus positives. Nous ferons tous nos efforts pour diriger leurs travaux vers le plus grand but d'utilité publique qui puisse être conçu, celui de faire entrer dans leurs mains la haute direction de la société ; c'est-à-dire, nous tâcherons de passionner les hommes les plus capables pour leurs intérêts particuliers, ce moyen nous paraissant le meilleur pour obtenir des résultats avantageux au bien public, attendu que les intérêts particuliers des hommes les plus capables sont ceux qui peuvent servir le mieux les intérêts généraux.

Nous croyons devoir joindre à cette annonce un aperçu des idées qui seront exposées dans ce cahier, et des raisons qui nous ont déterminés à discuter ces idées de deux manières différentes.

L'esclavage qui a pesé tant de siècles sur la classe industrielle, c'est-à-dire, sur l'immense majorité de la nation, n'a encore été complétement anéanti qu'en France. C'est seulement depuis la révolution, et par l'effet de la révolution, que ses derniers restes ont disparu ; et ce n'est par conséquent que depuis cette époque, et en France seulement, qu'il est devenu possible de travailler à l'établissement d'une organisation sociale ayant directement pour objet l'amélioration du sort de la majorité. Car jusqu'à l'entière abolition de l'esclavage, la politique n'a pu employer que des moyens indirects pour atteindre à ce grand but.

D. *Quoique vous ne présentiez dans cet avant-propos vos idées que par aperçu, il est indispensable que vous constatiez, au moins par aperçu, l'exactitude des faits qui servent de base à vos opinions.*

Montrez-nous que c'est seulement en France, et par l'effet de la révolution, que les restes de l'esclavage ont été complétement anéantis. Beaucoup de personnes pensent, en opposition avec ce que vous avancez, que l'esclavage était anéanti en France longtemps avant la révolution; et un plus grand nombre imagine que les États-Unis d'Amérique avaient effectué chez eux cette grande amélioration avant que la nation française eût commencé sa révolution.

R. En 1789, au moment que la révolution a éclaté, il y avait encore en Franche-Comté et sur plusieurs autres points du territoire français des mainmortables; ainsi l'esclavage existait encore dans un état de grande crudité à l'égard d'une partie de la nation; le corps entier de la nation supportait, à cette époque, des restes d'esclavage, puisque l'ancien axiome féodal *point de terre sans seigneur*, était encore admis, et qu'il ne fut entièrement aboli que dans la célèbre nuit du 4 août; puisque l'immense majorité de la nation était encore, suivant l'aimable expression de la noblesse, *taillable et corvéable à merci*.

Quant aux États-Unis d'Amérique, l'esclavage des Nègres subsiste encore dans la Virginie et dans les autres États méridionaux, et il existe dans les États septentrionaux une classe nombreuse d'hommes qu'on appelle engagés, et qui se trouvent, pendant la durée de leurs engagements, dans un véritable esclavage, ceux qui les ont achetés des capitaines qui les ont amenés d'Europe, ayant le droit de les vendre pour le temps de leur engagement.

D. *Si vous désirez donner au lecteur par cet avant-propos une idée précise des opinions que vous produirez dans le cahier, il est nécessaire que vous éclaircissiez plusieurs autres points; par exemple, celui-ci :*

Vous prétendez que l'anéantissement de quelques légers restes d'esclavage qui subsistaient encore en 1789, doit déterminer un changement radical dans l'organisation sociale. Votre opinion à cet égard a grand besoin d'être motivée, car l'expérience des siècles prouve que les améliorations dans l'organisation sociale ne se sont opérées que graduellement, successivement, et très-lentement. On a vu l'esclavage devenir de moins en moins rigoureux à mesure que les lumières ont fait des progrès; on a vu le système d'organisation sociale se perfectionner à mesure que l'esclavage est devenu moins rigoureux. Quelques légers restes d'esclavage subsistaient encore en 1789, la révolution les a anéantis : il doit certainement en résulter un perfectionnement dans l'organisation sociale; mais nous ne voyons point de raison pour que ce changement soit radical; nous ne concevons point pourquoi la politique qui a précédé cet événement se trouverait séparée de celle qui le suivra par une ligne de démarcation fortement tracée.

R. Si on observe la manière dont se développent les individus de l'espèce humaine, au moral et au physique, depuis leur naissance jusqu'à leur virilité, on reconnaît que leur développement s'opère de deux manières différentes, et qui concourent cependant vers un but commun, celui du plus grand développement de leurs forces morales et physiques dont leur organisation soit susceptible.

Depuis la naissance des individus jusqu'à l'époque de leur virilité, il s'effectue en eux un perfectionnement du moral et du physique, qui est graduel et continu, mais qui est très-lent.

Ils éprouvent aussi plusieurs crises qui déterminent en eux des progrès généraux et très-rapides.

L'âge de sept ans est signalé chez eux par une crise de dentition, à la suite de laquelle leurs facultés sentimentales, et leur capacité en mémoire, prennent un accroissement subit.

Vers l'âge de quatorze ans, les passions tendantes à s'affranchir de la dépendance à l'égard des parents, et à former des liaisons de son choix, s'enflamment dans l'individu, en même temps qu'il acquiert la faculté de produire son semblable.

A vingt et un ans, l'homme, parvenu au développement complet de ses forces morales et physiques, acquiert le caractère qui est propre à son individu ; ses facultés se coordonnent et se dirigent vers le but qui attrait le plus spécialement son organisation particulière.

Si l'on observe ensuite les lois et les usages que la société a établis pour régler sa conduite à l'égard des enfants, depuis leur naissance jusqu'à leur vingt et unième année, on voit que les législateurs ont reconnu l'existence et les effets des trois crises dont nous venons de parler, et qu'ils ont proportionné les droits qu'ils ont accordés à la génération ascendante, d'après l'opinion qu'ils ont conçue du développement intellectuel qu'elle devait acquérir à sept, à quatorze et à vingt et un ans.

Et il est de fait qu'ils ont déclaré les enfants au-dessous de sept ans incapables de commettre des péchés, c'est-à-dire incapables de régler eux-mêmes leur conduite, et par conséquent de commettre des fautes dont ils fussent responsables, et qui fussent justiciables des lois divines ou humaines ; ils ont, en conséquence, construit la loi de manière que les dispositions relatives aux enfants avant leur septième année n'ont pour objet que d'établir une surveillance générale de la société sur la conduite de leurs protecteurs naturels, et de fixer les moyens de les remplacer quand ils viennent à leur manquer.

Les législateurs n'ont soumis qu'à des punitions correctionnelles les enfants jusqu'à l'âge de quatorze ans, quelque graves que fussent les fautes qu'ils vinssent à commettre, et ils les ont admis seulement à l'émancipation, dans le cas où ils auraient perdu leurs parents.

C'est à l'âge de vingt et un ans qu'ils ont fixé la majorité comme étant l'époque à laquelle les individus ont, en général, acquis un développement d'intelligence suffisant, et une capacité de prévoyance assez étendue pour que les intérêts généraux de la société n'exigent plus qu'ils restent soumis à une surveillance particulière.

Si, à la suite de cette classe d'observations, l'on examine les usages admis par l'Université, relativement à l'éducation et à l'instruction publique, on reconnaît qu'ils cadrent très-exactement avec les dispositions législatives dont nous venons de parler.

L'instruction publique des enfants ne commence pas avant l'âge de sept ans.

Depuis sept ans jusqu'à quatorze, l'éducation joue un rôle plus important que l'instruction, c'est-à-dire que les surveillants de la conduite des enfants, pendant ce laps de temps, exercent dans les pensions et dans les colléges une plus grande influence sur eux que les professeurs dont ils reçoivent l'instruction.

Depuis quatorze ans jusqu'à vingt et un ans, l'influence des professeurs sur les élèves est beaucoup plus grande que celle exercée sur eux par leurs surveillants.

Et à vingt et un ans, ceux qui continuent à suivre des cours au Collége de France ou dans d'autres établissements d'instruction publique se trouvent débarrassés de toute espèce de surveillance.

Enfin, si l'on observe le degré de développement intellectuel auquel se trouve aujourd'hui parvenue la nation française (qui s'est placée, par sa révolution, en tête de l'espèce humaine sous le rapport de la civilisation), on reconnaît qu'elle a subi sa troisième crise, et que son âge social actuel correspond à celui de vingt et un ans pour les individus; on reconnaît aussi qu'elle a proclamé sa majorité dans la nuit du 4 août, en abolissant toutes les institutions dérivées de l'état d'esclavage, qui avait été la situation primitive de la classe industrielle, c'est-à-dire du corps de la nation.

Et après cela, si on veut produire une conclusion, on combinera ensemble les observations de différentes espèces que nous venons de présenter, on les méditera, et on en tirera nécessairement la conséquence suivante :

Le peuple français, étant parvenu à sa majorité comme nation, par l'effet des progrès de son intelligence, il doit en résulter un changement radical dans son organisation sociale.

Parvenu au point de vue le plus élevé qui puisse se rencontrer sur la route de la civilisation, en suivant le sentier que nous venons de tracer, le philosophe découvrira d'une part le passé le plus reculé, de l'autre l'avenir le plus éloigné; il apercevra dans le fond du tableau la formation de l'esclavage, institution philanthropique pour l'époque de son établissement, puisqu'elle a sauvé la vie à des milliards d'hommes; puisque nous lui devons l'immense population à laquelle est parvenue l'espèce humaine, puisqu'elle a été favorable aux progrès des lumières, en fournissant le moyen à la classe des maîtres de s'occuper du développement de leur intelligence; ce qu'ils n'auraient pu faire sans l'établissement de l'esclavage, puisque leur temps et leurs forces auraient été occupés par les travaux nécessaires pour satisfaire leurs premiers besoins. Il considérera ensuite, avec une vive satisfaction, en suivant de l'œil cette partie de la route jusqu'au point où il se trouvera placé, l'adoucissement de l'esclavage, le progrès des lumières, l'amélioration graduelle du sort de l'espèce humaine, et enfin, chez la nation française qui forme aujourd'hui son avant-garde, l'anéantissement complet de l'esclavage et l'aptitude à recevoir une organisation sociale, ayant directement le bien de la majorité pour objet.

Se tournant ensuite du côté de l'avenir, il apercevra, dès les premiers pas à faire sur la route de la civilisation, la formation de trois grands professorats, ayant pour objet l'enseignement des principaux éléments de la science sociale, savoir :

Une chaire, ou plutôt des chaires assez multipliées en France, pour enseigner aux industriels de tous les genres et de tous les degrés d'importance, la conduite politique et industrielle qu'ils doivent tenir pour leur bien personnel et pour la plus grande satisfaction de leur classe, ainsi que pour développer en eux un grand sentiment de dignité, en leur apprenant que leur classe étant celle qui possède la plus grande capacité en administration, ce sont les plus importants d'entre eux qui doivent être chargés de diriger la haute administration de la fortune publique.

Une chaire de morale où on enseignera comment chaque individu, dans quelque position sociale qu'il se trouve, peut combiner son intérêt particulier avec le bien général, et dont les professeurs feront sentir à leurs auditeurs que l'homme se soumet volontairement au plus grand mal moral dont il puisse être affligé, quand il cherche son bien-être personnel dans une direction qu'il sait être nuisible à la société ; tandis qu'il s'élève au plus haut degré de jouissance auquel il puisse atteindre, quand il travaille à l'amélioration de son sort personnel dans une direction qu'il sent clairement être utile à la majorité.

Une chaire de sciences positives, dans laquelle on enseignera les moyens généraux de modifier, de la manière la plus avantageuse pour l'homme, les phénomènes de la nature sur lesquels il peut exercer son influence, et dans laquelle on enseignera aussi comment chaque individu peut combiner son intérêt particulier avec l'intérêt général, et le grand avantage qui résulte pour chacun de bien faire cette combinaison.

De ce point de vue, le philosophe, à chaque coup d'œil alternatif qu'il donnera sur le passé et sur l'avenir, apercevra de plus en plus, des différences tranchées entre l'existence sociale de nos devanciers et celle de nos successeurs ; il reconnaîtra que chez nos devanciers, le premier degré d'importance sociale était accordé à la naissance, à la faveur et à la capacité de gouverner, et en se retournant du côté de l'avenir, il apercevra l'importance sociale obtenue par la plus grande capacité en morale, en science ou en industrie.

En regardant les peuples en masse dans le passé, il les verra luttant entre eux à main armée ; en les considérant dans l'avenir, il les verra rivalisant entre eux sous les trois grands rapports de la morale, de la science et de l'industrie.

Jusqu'à ce jour, les hommes ont marché dans la route de la civilisation à reculons, du côté de l'avenir ; ils ont eu habituellement la vue fixée sur le passé et ils n'ont donné à l'avenir que des coups d'œil très-rares et très-superficiels. Aujourd'hui que l'esclavage est anéanti, c'est sur l'avenir que l'homme doit principalement fixer son attention.

L'action de gouverner a dû être, jusqu'à l'anéantissement de l'esclavage, l'action prépondérante; aujourd'hui, et de plus en plus, elle ne doit plus être qu'une action subalterne.

Voilà l'indication la plus claire que nous puissions donner en peu de mots des idées les plus générales que nous développerons, que nous discuterons, et que nous préciserons dans ce cahier.

Il nous reste maintenant à expliquer, mieux que nous n'avons pu le faire en tête de cet avant-propos, en quoi différera la manière dont nous exposerons ces idées dans la première et dans la seconde partie de ce cahier.

Prospectus de la première partie.

Nous récapitulons les progrès de la civilisation depuis Socrate jusqu'à ce jour.

En résumant cette récapitulation, nous trouvons et nous prouvons que l'adoption du plan d'organisation sociale que nous avons esquissé dans cet avant-propos est une suite naturelle et une conséquence forcée des précédents de notre civilisation depuis vingt-quatre siècles.

Nous examinons ensuite la manière dont il doit être procédé à l'établissement de cette nouvelle organisation sociale, et nous traçons clairement la marche qui doit être suivie pour effectuer ce changement radical, sans que la tranquillité puisse être troublée un seul instant, sans même que le gouvernement ni le public puisse concevoir la moindre inquiétude à cet égard.

Enfin nous mettons en évidence cette vérité importante, qui résulte de la manière dont nous avons combiné la transition : c'est que l'établissement de la nouvelle organisation sociale ne se trouve en contravention avec aucune des dispositions de la Charte, et que, loin de nuire à la royauté, elle en rendra l'existence plus brillante, plus importante et plus satisfaisante pour nos rois, tout en les mettant à l'abri des nombreux dangers auxquels ils ont été exposés, et des malheurs qui leur sont arrivés par l'effet des imperfections qui se sont trouvées dans la manière dont la royauté a été considérée jusqu'à ce jour.

Prospectus de la seconde partie de ce cahier.

Nous nous adressons d'abord aux hommes les plus distingués dans les capacités les plus générales et les plus positives, pour leur dire :

Messieurs les industriels, les moralistes et les savants, depuis que la nation a proclamé sa majorité en anéantissant complétement les restes de l'esclavage, ses intérêts moraux et physiques doivent être dirigés par les hommes les plus capables ; c'est-à-dire, ils doivent être dirigés par vous, et la capacité de gouverner ne doit plus exercer qu'une action secondaire dans l'organisation sociale. Cependant les choses restent encore à peu près sur l'ancien pied. Le nombre des fonctionnaires publics est immense, les sommes qu'ils coûtent à la nation sont énormes ; partie de ces fonctionnaires ne doivent les places lucratives qu'ils occupent qu'à la considération que le gouvernement continue à accorder à la naissance, et l'autre partie ne doit son avancement qu'à l'opinion favorable que le gouvernement conçoit de leur capacité pour gouverner. D'où peut provenir, Messieurs, le retard que la société éprouve dans l'allégement qu'elle pourrait obtenir?

Ce retard, dans l'amélioration de notre existence sociale, provient évidemment de vous, de votre apathie en politique. Réveillez-vous donc! tant que vous ne vous montrerez pas disposés à exercer les nouveaux droits, et à remplir les nouveaux devoirs qui résultent pour vous du fait que la nation est devenue majeure, nous ne profiterons point des avantages que l'état présent, que nos lumières et notre civilisation peuvent nous procurer.

C'est à vous, Messieurs les industriels les plus importants, à dire comment vous comptez administrer la fortune publique quand vous serez chargés de ce soin, et à prouver à la reine du monde, c'est-à-dire à l'opinion publique, que vous l'administrerez d'une manière beaucoup plus profitable pour la majorité de la nation qu'elle ne l'a été jusqu'à ce jour.

C'est à vous, Messieurs les moralistes, à prouver que le principe fondamental de la morale divine, *ne faites pas à autrui ce que vous ne voudriez pas qu'il vous fît,* est susceptible d'applications tout à fait neuves et infiniment plus précises depuis que les progrès des lumières ont permis d'anéantir complétement les restes de l'esclavage.

C'est à vous, Messieurs les savants, à présenter des idées claires sur la manière dont les intérêts particuliers peuvent se combiner avec les intérêts généraux, et à tracer un plan d'instruction publique tel, que les connaissances positives acquises soient répandues le plus promptement possible dans toutes les classes de la société et dans tous les rangs.

Et en nous adressant séparément, ainsi que nous venons de le faire, à chacune de ces grandes capacités positives, nous dirons clairement :

Aux industriels, les principes fondamentaux d'après lesquels ils doivent administrer la fortune publique ;

Aux savants, la manière dont ils doivent s'y prendre pour établir une bonne combinaison des intérêts particuliers avec l'intérêt général ;

Aux moralistes, les conséquences qu'ils doivent tirer dans les circonstances actuelles du principe de morale divine : *ne faites pas à autrui ce que vous ne voudriez pas qu'il vous fît,* principe qui doit régler la marche de la société plus qu'il ne l'a jamais fait jusqu'à ce jour, attendu qu'il n'a pu être appliqué aux rapports entre les gouvernants et les gouvernés, entre ceux qui font la loi et ceux qui y sont soumis, sans l'avoir fait que d'une manière très-indirecte, tant que le progrès des lumières n'est pas parvenu au point nécessaire pour permettre l'entier anéantissement de l'esclavage.

CATÉCHISME
DES
INDUSTRIELS

QUATRIÈME CAHIER

PREMIÈRE PARTIE

D. *Allons-nous continuer l'examen que nous avions commencé dans le second cahier? allons-nous poursuivre la discussion entamée jusqu'à ce point que nous ayons complétement éclairci nos idées et arrêté notre opinion sur cette question importante? Les Français doivent-ils imiter les Anglais en politique? Doivent-ils établir chez eux l'organisation sociale qui a été adoptée dans la Grande-Bretagne, ou bien doivent-ils, de préférence, suivre vos conseils, établir chez eux le régime industriel dans toute sa pureté, et s'occuper, pour première mesure politique, d'obtenir du Roi qu'il veuille bien confier aux industriels les plus importants le soin de faire le projet de budget, et qu'il veuille bien aussi déclarer que la classe industrielle forme la première classe de ses sujets?*

R. Nous terminerons plus tard la discussion que vous venez de rappeler; notre séance d'aujourd'hui sera consacrée à l'exposition du but général de notre entreprise et à l'examen des principes fondamentaux de notre système.

Notre entreprise a pour objet de déterminer Sa Majesté à placer la haute direction des affaires publiques, savoir : pour les finances, dans les mains des industriels les plus importants; et, pour toutes les affaires qui ne sont pas financières ou administratives, dans celles des savants les plus capables.

Or, pour atteindre à ce but, nous avons trois choses à faire :

1° Exposer clairement aux industriels les moyens qu'ils doivent employer pour obtenir du Roi que Sa Majesté veuille bien confier aux plus importants d'entre eux le soin de faire le projet du budget;

2° Faire connaître aux savants la manière dont ils doivent s'y prendre pour obtenir de Sa Majesté que les plus capables d'entre eux soient chargés du soin de diriger l'éducation publique et les autres intérêts moraux de la société;

3° Enfin, indiquer aux industriels et aux savants les bases de l'association qu'ils doivent former pour atteindre au double but; que les industriels les plus importants soient chargés de faire le projet de budget, et que les savants les plus capables soient investis de la direction de l'éducation publique et des autres intérêts moraux de la société.

Dans les deux premières livraisons, nous nous sommes occupés de donner des conseils aux industriels :

1° Relativement à la marche qu'ils devaient suivre pour atteindre au but indiqué ci-dessus;

2° Nous leur avons indiqué la manière dont ils devaient s'y prendre pour combiner leurs forces et leurs capacités politiques avec celles des savants. Dans cette quatrième livraison, c'est directement aux savants que nous allons nous adresser.

D. *Vous auriez dû vous adresser d'abord aux savants, cela était plus naturel, cela aurait été plus méthodique.*

R. Les savants rendent des services très-importants à la classe industrielle; mais ils reçoivent d'elle des services bien plus importants encore; ils en reçoivent l'*existence;* c'est la classe industrielle qui satisfait leurs premiers besoins; ainsi que leurs goûts physiques de tous les genres; c'est elle qui leur fournit tous les instruments qui peuvent leur être utiles pour l'exécution de leurs travaux.

La classe industrielle est la classe fondamentale, la classe nourricière de toute la société, celle sans laquelle aucune autre ne pourrait subsister. Ainsi elle a le droit de dire aux savants, et, à plus forte raison, à tous les autres non industriels : Nous ne voulons vous nourrir, vous loger, vous vêtir et satisfaire en général vos goûts physiques qu'à telle condition.

Votre observation nous a produit un effet diamétralement opposé à celui que vous désiriez, elle nous fait prendre le parti de ne pas nous adresser du tout aux savants, ou plutôt elle nous détermine à ne nous adresser aux savants que comme à une classe secondaire.

D. *Quoique vous n'adoptiez pas notre observation, elle vous aura rendu un service très-important, celui de donner plus de fermeté à votre opinion et une grande clarté au principe qui servira de base à votre système politique.*

Vous allez donc nous dire à quelle condition vous pensez que les industriels doivent consentir à nourrir les savants et à satisfaire tous leurs goûts physiques.

R. Nous allons vous dire la manière dont les savants doivent s'organiser, et la direction qu'ils doivent donner à leurs travaux pour employer de la manière la plus utile aux industriels l'existence qu'ils reçoivent d'eux.

Les savants les plus capables doivent se séparer en deux classes, c'est-à-dire, former deux académies séparées; une de ces académies doit se proposer pour but général dans ses travaux de faire le meilleur code des intérêts, et l'autre celui de perfectionner le code des sentiments dont le célèbre Platon a établi les principes, qui ont été appliqués et développés par les Pères de l'Église.

Louis XIV a fondé une de ces académies, celle des sciences physiques et mathématiques;

cette académie a déjà beaucoup contribué au perfectionnement des observations et des raisonnements; quelques légères additions suffiraient pour mettre cette académie en mesure d'établir le code des intérêts [1].

L'autre académie, celle dont les travaux doivent avoir pour but le perfectionnement du code des sentiments, a eu pendant quelque temps un léger commencement d'existence sous le titre de classe des sciences morales et politiques. L'établissement de cette académie serait tout aussi utile que l'a été celui de l'académie des sciences; il serait même plus utile dans les circonstances actuelles, attendu que depuis douze cents ans, époque à laquelle les Arabes ont commencé à cultiver les sciences d'observation ainsi que les mathématiques, l'étude de la morale a été de plus en plus négligée, et que cette branche de nos connaissances se trouve aujourd'hui très-en arrière de celle relative aux différentes parties de la physique et des mathématiques [2].

1. L'addition la plus importante à faire à l'Académie des sciences serait celle d'une classe de savants en économie politique.

2. La société sent tellement le besoin qu'elle a de l'établissement d'une académie de morale, que le gouvernement ne

L'académie des sciences morales doit se composer de moralistes, de théologiens, de légistes [1], des poëtes, des peintres, des sculpteurs et des musiciens les plus distingués.

Il ne sera pas plus extraordinaire de voir des musiciens, des peintres et des sculpteurs dans l'académie destinée à perfectionner les sentiments, qu'il ne l'est aujourd'hui de voir des opticiens, des horlogers et des fabricants d'instruments dans l'académie des sciences physiques et mathématiques. Les faiseurs de théories ne doivent point être séparés de ceux qui se distinguent dans les principales applications. Nous aurons occasion de prouver plus tard que

s'occupant point de satisfaire ses désirs raisonnables à cet égard, elle s'efforce de les satisfaire elle-même autant qu'il lui est possible. C'est ce sentiment qui a déterminé la formation de la Société libre de la morale chrétienne en France, celle de la Société biblique en Angleterre, et celle d'une multitude de sociétés philanthropiques chez toutes les nations européennes.

1. Il doit être établi aussi une classe de légistes dans l'Académie des sciences; car la société a besoin d'être soumise à des règles fixes pour les rapports d'intérêt entre ses membres, de même que pour ceux de leurs sentiments réciproques; et il faut une capacité et des études particulières pour faire de bons règlements dans l'une et l'autre partie : ainsi ce sont les légistes qui, ayant reçu une éducation spéciale à cet égard, se trouvent les plus capables de faire dans toutes les directions la partie réglementaire du travail.

l'académie des sciences devrait appeler dans son sein un beaucoup plus grand nombre de mécaniciens pratiques.

D. *Par qui l'académie des sentiments sera-t-elle nommée ?*

La première nomination doit être faite par le Roi, et le remplacement des membres après la première formation doit être proposé à Sa Majesté par l'académie des sentiments, ainsi que cela se fait aujourd'hui pour l'académie des sciences.

D. *L'établissement de ces deux académies indépendantes l'une de l'autre, et mises sur le même pied d'importance politique, nous paraît bon et utile. Il est certain que la société a également besoin que ses sentiments et que ses idées soient bien coordonnés et qu'ils soient soumis à de bons règlements généraux, c'est-à-dire à de bonnes lois; mais ces deux académies seront rivales, et il résulte de la nature des choses que celle chargée de perfectionner le code des sentiments travaillera à soumettre le code des intérêts à celui des sentiments*, et vice versâ. *Qui est-ce qui maintiendra la balance entre ces deux académies? La formation d'une institution scientifique suprême n'est-elle pas nécessaire pour atteindre à ce but ?*

R. Certainement l'établissement d'un collége scientifique royal ou suprême est indispensablement nécessaire ; les fonctions de ce collége consisteront à coordonner les travaux de l'académie des sentiments et ceux de l'académie des raisonnements. Ce collége s'occupera à fonder, dans une même doctrine les principes et les règlements produits par les deux académies ; il s'occupera à former d'abord et à perfectionner ensuite la doctrine générale qui servira de base à l'instruction publique de toutes les classes de la société, depuis celle des individus les plus complétement prolétaires jusqu'à celle des citoyens les plus riches[1]; il s'occupera également à former le code des lois générales qui seront les plus avantageuses à la majorité.

Le collége scientifique royal sera certainement la plus importante de toutes les institutions

1. Les riches jouiront toujours de l'avantage sur les pauvres de pouvoir consacrer plus de temps à leur instruction ; ainsi la doctrine générale leur sera enseignée avec plus de développement qu'aux pauvres. Mais l'instruction de la classe la plus pauvre sera poussée assez loin pour que les riches ne puissent pas abuser à leur égard de la supériorité de leurs connaissances.

sociales, puisque c'est ce collége qui dirigera d'une manière suprême l'action générale de la société; il semblerait donc que l'établissement de ce collége devrait précéder celui de toutes les autres institutions; mais il résulte de la nature des choses que la formation de l'académie des sentiments et celle de l'académie des raisonnements doivent précéder celle du collége scientifique suprême, par la raison que les hommes les plus capables en élaboration des sentiments ou en coordination des raisonnements sont les seuls en état de bien juger quels sont les savants qui réunissent au plus haut degré ces deux genres de capacités, et la conséquence de ce résultat est évidemment que les membres du collége suprême ne peuvent être bien choisis que par l'académie des sentiments et par celle des raisonnements, réunies en une seule assemblée pour effectuer cette nomination.

Les savants, nommés par l'académie des sentiments et par celle des raisonnements pour composer le collége scientifique suprême, s'adjoindront les légistes les plus capables, et ils leur confieront le soin d'imprimer à la doctrine générale qu'ils produiront le caractère réglementaire; ils s'adjoindront aussi les politiques pratiques qu'ils jugeront capables de leur donner des avis utiles, et ils en choisiront dans toutes les branches de l'administration publique, afin de pouvoir être éclairés sur tous les points et de pouvoir se procurer des renseignements de tous les genres ; ainsi ils en prendront dans le département de l'intérieur, dans ceux des relations extérieures, de la guerre, de la marine, des finances, de la police, etc.

Quand les industriels auront obtenu du Roi, d'abord qu'il veuille bien confier aux plus importants d'entre eux le soin de faire le projet de budget; quand ils auront obtenu ensuite de Sa Majesté qu'elle ordonne l'établissement des trois colléges scientifiques dont nous venons de parler, la société se trouvera organisée d'une manière proportionnée à l'état présent de ses lumières et de sa civilisation; elle se trouvera organisée aussi bien que l'espèce humaine puisse l'être pour satisfaire tous les besoins moraux et physiques; car ces quatre institutions composent les dispositions fondamentales de l'ordre social le plus favorable à la production et à la coordination de ce qui peut être le plus utile aux hommes sous tous les rapports moraux ou physiques.

Enfin, quand cette organisation sociale sera établie en France, la célèbre prédiction faite par les Pères de l'Église ne tardera pas à se réaliser ; une même doctrine sociale deviendra commune à toute l'espèce humaine, on verra tous les peuples adopter successivement les principes que les Français auront proclamés et mis en pratique.

Les idées que nous venons de présenter étonneront d'abord, elles ne seront pas adoptées immédiatement, mais les bons esprits ne tarderont pas à reconnaître que notre projet d'organisation sociale est déduit immédiatement de la marche de l'esprit humain, et que son adoption est une conséquence forcée des précédents politiques de la société européenne.

Jusqu'à ce jour la Sainte-Alliance, les gouvernements de France, d'Angleterre et d'Amérique, les partis politiques qui se sont formés depuis le commencement de la Révolution, ainsi que les publicistes qui ont émis leurs opinions depuis cette époque, n'ont discuté que des questions d'une importance secondaire ; ils ne se sont fortement occupés que des événements du jour ; aucun d'eux ne s'est placé à un point de vue assez élevé pour saisir l'ensemble des choses.

Le premier travail à faire pour sortir du labyrinthe dans lequel sont entrés tous les hommes qui s'occupent de haute politique par profession ou par attrait, consiste à résoudre les trois questions suivantes d'une manière telle que tout homme, possédant une instruction ordinaire, puisse en apprécier la solution.

Voici ces trois questions :

1° Quel est le moyen de terminer complétement la crise actuelle? Quels sont les principes d'organisation sociale qui conviennent à l'état présent des lumières et de la civilisation?

2° Quelle est la véritable cause, c'est-à-dire, la cause la plus générale de la crise qui agite, depuis plus de cinquante ans, les Européens qui habitent l'Europe, ainsi que ceux qui sont passés en Amérique?

3° Quelles sont les mesures qui ont été prises depuis la guerre qui a eu pour résultat l'indépendance des colonies anglaises de l'Amérique septentrionale, qui ont facilité les moyens de terminer la crise qui agite les Européens depuis plus d'un demi-siècle? Quelles sont celles qui ont rendu cette terminaison plus difficile?

D. *Allez au fait, mettez toute critique de*

côté; ce qui nous intéresse, ce que nous désirons savoir, c'est si vous êtes parvenu à faire le travail qui a été jusqu'à ce jour inutilement entrepris par la Sainte-Alliance, par les gouvernements de France, d'Angleterre et d'Amérique, par tous les partis politiques qui se sont formés depuis le commencement de la révolution, et par tous les publicistes qui ont émis leurs opinions depuis cette époque. Nous allons vous interroger sur les trois questions que vous avez posées.

Nous vous demanderons d'abord, non pas de nous dire quelles sont les institutions qui doivent servir de base à la nouvelle organisation sociale, puisque vous venez de nous exposer vos principes à cet égard; mais nous vous prierons de résumer ce que vous venez de nous dire, afin de nous mettre en état de saisir d'un coup d'œil l'ensemble de votre système.

R. Voici notre réponse à votre première interrogation; elle mérite de fixer toute votre attention, car elle est un résumé relatif à la question la plus importante que vous puissiez nous adresser.

« La royauté héréditaire dans l'ordre de pri-

« mogéniture est l'institution fondamentale des « grandes sociétés politiques actuelles.

« Le collége scientifique suprême, composé « de la manière que nous avons indiquée ci-des- « sus, forme le conseil initiatif de Sa Majesté.

« Les projets arrêtés dans le conseil initiatif « sont envoyés à l'examen de l'académie des « sentiments et de l'académie des raisonne- « ments.

« Ces projets, après avoir été examinés par « l'académie des raisonnements et par celle des « sentiments, sont présentés, avec les observa- « tions faites par ces deux académies, au con- « seil administratif suprême.

« Le conseil administratif suprême se com- « pose des industriels les plus importants. Ce « conseil est composé des industriels : d'abord, « parce qu'ils sont, de tous les Français, ceux « qui ont fait preuve de la plus grande capacité « en administration ; ensuite, parce qu'ils sont « les représentants naturels de la classe indus- « trielle qui forme l'immense majorité de la « nation.

« Ce conseil est chargé de faire tous les ans « le projet de budget, et de vérifier si les minis- « tres ont employé convenablement les sommes

« qui leur ont été accordées par le budget pré-
« cédent.

« Ce conseil, alloue dans son travail sur le
« budget, les sommes qui lui paraissent conve-
« nables pour l'exécution des projets qui ont été
« soumis à son jugement, et dont la réalisation
« lui paraît utile.

« Le projet de budget ainsi élaboré, est remis
« au conseil des ministres, qui, d'après les or-
« dres du Roi, le présente aux Chambres et en
« poursuit l'exécution dans tous les détails. »

D. *Ce résumé est très-clair; toute personne qui prendra la peine de le lire comprendra très-facilement votre système; mais il ne suffit pas que votre système soit compris, il faudrait qu'il fût approuvé et adopté: or, pour atteindre à ce but, il est nécessaire que vous prouviez ce que vous avez annoncé quelques lignes plus haut; il est nécessaire que vous fassiez voir que ce système se déduit directement de la marche de l'esprit humain, et que son adoption est une conséquence forcée des précédents de la société européenne.*

R. L'école de Socrate a senti plusieurs vérités très-importantes.

Elle a senti que l'homme possédait deux capacités bien distinctes, quoiqu'elles fussent intimement liées entre elles, savoir : d'une part la capacité d'éprouver, de produire, d'élaborer et de coordonner des sentiments ; de l'autre celle de concevoir, de produire, d'élaborer et de coordonner des idées. Elle a senti que le développement de ces deux capacités exigeait des travaux distincts, et qu'ils devaient être l'objet des occupations de deux écoles séparées ; enfin elle a reconnu que le développement des sentiments devait s'opérer d'abord avec plus de rapidité que celui des idées; en conséquenee, cette école s'est principalement occupée de l'établissement des principes de la morale.

Socrate s'est aperçu que les principes de la morale devaient être présentés aux hommes avec l'appui de l'autorité divine ; il s'est aperçu que la croyance à plusieurs dieux était très-favorable au développement des passions de tous les genres, mais qu'elle s'opposait à la subalternisation de toutes les passions à l'égard de celle du bien public ; en conséquence, Socrate a proclamé l'unité de Dieu.

L'école de Socrate a reconnu aussi, d'une part, que la philosophie ne pourrait être cultivée d'une manière régulière et continue qu'à l'époque où l'école sentimentale et où celle des raisonnements auraient fait de grands progrès, et lui auraient fourni des matériaux assez abondants pour lui procurer un grand nombre de comparaisons et de combinaisons à exécuter; elle a reconnu d'une autre part, que les hommes ne pourraient établir une organisation sociale directement avantageuse à la majorité, qu'au moment où les lumières répandues par l'école des sentiments et par celle des idées seraient suffisamment parvenues dans les dernières classes, pour que l'esclavage pût être sans inconvénient complétement anéanti.

Nous ne commencerons pas l'histoire des précédents de la société européenne avant Socrate, parce que c'est seulement depuis cette époque que les progrès de la civilisation se sont suivis sans interruption, parce que Socrate est le premier qui ait lancé l'esprit humain vers un but tel que le résultat des travaux commencés par ce philosophe dût être nécessairement l'établissement de l'organisation sociale la plus directement avantageuse à la classe industrielle, qui est la plus utile et qui forme l'immense majorité de la société.

D. *Socrate est mort depuis vingt-quatre siècles. L'histoire des progrès de l'esprit humain depuis l'apparition de ce grand homme jusqu'à ce jour, est une base d'observation suffisamment large pour servir d'appui aux raisonnements que vous voudrez établir ; ne craignez donc pas de reproches relativement à la brièveté de cette série, rendez ses principaux termes bien saillants, et si vous parvenez ensuite à déduire d'une manière claire, simple et naturelle, les dispositions fondamentales de la nouvelle organisation sociale que vous venez de nous présenter, vous trouverez tous les hommes de bien, dans quelque position que le hasard de la naissance les ait placés, disposés à adopter votre opinion, c'est-à-dire votre système.*

R. Nous partagerons l'histoire de la civilisation, depuis Socrate jusqu'à nos jours, en deux parties égales : chacune d'elles comprendra douze siècles. La première commencera à Socrate, et se terminera à l'époque où les Arabes, après avoir traduit les ouvrages d'Aristote, et après les avoir remis en honneur, se sont livrés à l'étude des sciences physiques et mathématiques. La seconde renfermera ce qui s'est passé de plus important en civilisation depuis Haroun-al-Raschid et Almamoun jusqu'à ce jour.

D. *Donnez-nous la première partie de cette histoire, c'est-à-dire rappelez-nous ce qui mérite le plus d'être remarqué dans la marche de la civilisation depuis Socrate jusqu'au règne d'Almamoun et de Charlemagne.*

R. Avant d'entrer en matière, nous devons vous présenter quelques observations ayant pour objet de vous faire connaître le caractère particulier de chacune des deux parties de l'histoire de la civilisation depuis l'apparition de Socrate. Ces considérations préliminaires faciliteront infiniment l'intelligence du grand fait que nous allons constater; fait qui est aussi important en politique que celui de la gravitation universelle en astronomie; fait qui n'a point encore été directement observé; fait, enfin, qui servira plus tard de base à toutes les combinaisons politiques, de même que celui de la gravitation universelle sert d'appui à tous les calculs astronomiques.

L'école de Socrate s'est trouvée complétement anéantie sous le rapport des travaux de philosophie générale au moment même de la mort de son fondateur; et, chose très-remarquable, il n'a point paru depuis cette époque de véritable philosophie ; il n'a point existé d'école vraiment philosophique, c'est-à-dire, aucun homme, aucune école, ne s'est livré en même temps à l'étude de l'homme physique et de l'homme moral, en accordant une égale attention à l'une et à l'autre de ces études. Mais peu d'années après la mort de Socrate, son école a été remplacée, sous le rapport scientifique, par deux sous-écoles, dont l'une s'est essentiellement occupée de l'homme moral, tandis que l'autre s'est particulièrement attachée à l'étude de l'homme physique. La première a principalement travaillé à perfectionner les relations sentimentales ; la seconde s'est particulièrement livrée à des considérations de physique, à la coordination et à la systématisation de ces faits. Platon s'est placé à la tête de la première, qui a pris le nom d'académie. Aristote a été le fondateur de la seconde, qui s'assemblait sous le Portique, et dont les élèves ont pris le nom de péripatéticiens.

Or, le grand fait historique que nous désirons énoncer, avant de commencer la récapitulation des progrès de la civilisation depuis Socrate jusqu'à ce jour, est que, pendant les douze premiers siècles, ce sont les *platoniciens* qui ont le plus contribué aux progrès de la civilisation, et que, pendant les douze derniers siècles, ce sont les *aristoticiens* qui ont joué le rôle le plus important dans l'histoire des découvertes de l'esprit humain; d'où il résulte que les savants ont été principalement spiritualistes pendant la première partie de la grande période philosophique que nous allons récapituler, et matérialistes pendant la seconde moitié de cette époque; d'où nous concluons que la capacité de l'esprit humain en spiritualisme et en matérialisme[1] est

1. Par l'expression *spiritualisme*, nous avons l'intention de désigner l'étude de l'homme moral, ainsi que la tendance des moralistes à subalterniser l'homme physique à l'homme moral, et nous ne voulons pas désigner autre chose.

Par l'expression *matérialisme*, nous entendons désigner l'étude de l'homme physique, ainsi que la tendance des physiciens à subalterniser l'homme moral, et nous ne voulons pas désigner autre chose.

Cette déclaration nous a paru nécessaire pour nous mettre à l'abri de tout soupçon d'avoir eu l'intention de parler avec éloge de la métaphysique, en la désignant par l'expression de *spiritualisme*. Notre opinion à cet égard est que cette branche de nos connaissances n'a jamais eu qu'une utilité provisoire; que c'est aujourd'hui une direction bâtarde, fausse, absurde, puisqu'elle tend à faire jouer un rôle plus important aux idées conjecturales et même entièrement vagues qu'aux idées les plus positives; que par conséquent la philosophie positive doit combattre la métaphysique et la discréditer autant que possible.

Platon, et même Aristote, ont mêlé beaucoup de travaux

égale, qu'il y a des découvertes également importantes à faire dans l'une et l'autre de ces directions; que le développement de ces deux capacités contribue également aux progrès de la civilisation, et que la véritable philosophie consiste à faire concourir dans une égale proportion les connaissances sur l'homme moral et celles sur l'homme physique à la combinaison d'une bonne organisation sociale.

sur la méthaphysique à leurs travaux d'une utilité positive; mais ils étaient excusables, attendu le peu de connaissances positives qui existaient encore à cette époque. Aujourd'hui les physiciens ont épuré leurs travaux et les ont entièrement débarrassés des considérations métaphysiques, ce qui leur donne un très-grand avantage sur les moralistes qui, en général, noient leurs idées dans un fatras de considérations vagues.

Les moralistes ont incontestablement le droit de se placer sur le pied d'égalité fondamentale à l'égard des physiciens; ils peuvent même jouer, dans les circonstances actuelles, un rôle plus important qu'eux, attendu que l'étude de la morale a été négligée depuis douze siècles; ce qui rend les découvertes plus faciles dans cette direction que dans celle de la physique; mais c'est à la condition qu'ils présentent leurs observations sur les effets produits par les sentiments généraux ou particuliers, tant sur la société que sur les individus, avec une grande clarté et entièrement dégagées de toute métaphysique.

Dans la seconde partie de ce cahier nous ferons nos efforts pour indiquer aux moralistes la manière dont ils doivent exposer leurs idées pour reprendre dans le corps des savants la place qu'ils ont droit d'y occuper.

D. *Cessez de nous occuper d'idées préliminaires; entrez en matière; récapitulez les progrès faits par l'esprit humain en morale pendant les douze premiers siècles qui se sont écoulés depuis la mort de Socrate, et prouvez-nous que, pendant cette première partie de la grande période philosophique, l'école sentimentale ou* platonicienne *a plus contribué aux progrès de la civilisation que celle des* péripatéticiens, *qui était essentiellement occupée de l'étude des lois qui régissent l'univers physique.*

R. Platon fait dans la direction morale et sentimentale un pas capital en avant de son maître; il agrandit la base de la doctrine socratique. Socrate avait proclamé l'unité de Dieu; Platon s'aperçoit que, pour faciliter les combinaisons des moralistes, ainsi que l'exposition de leurs doctrines, il est nécesaire de diviser l'unité divine; en conséquence il proclame l'existence de la Trinité.

Après la mort de Platon, l'école sentimentale, dont il était le directeur, se divise en plusieurs écoles qui s'attachent toutes à combattre la croyance au polythéisme, et à former un code de morale fondé sur la croyance en un seul Dieu divisé en plusieurs personnes, ou plutôt considéré sous les rapports de ses différents attributs.

Quand les Romains eurent fait la conquête de la Grèce, les *platoniciens* se réfugièrent à Alexandrie. Arrivés à Alexandrie, ils se combinent avec les Juifs qu'ils y rencontrent, et ils fondent l'école chrétienne.

Dans le christianisme, à la formation duquel les *platoniciens* et les Juifs concoururent, le culte des Juifs et la doctrine des platoniciens furent amalgamés, et c'est à cet amalgame qu'on a donné le nom de christianisme.

L'exaltation sentimentale fut poussée au plus haut degré par les fondateurs de l'école chrétienne; leur zèle, leur amour pour le bien public furent plus dominants chez eux que dans aucune corporation dont l'histoire ait fait mention. Il s'établit dans l'école une division de travaux; les uns eurent pour objet de classer toutes les actions que les hommes pouvaient commettre, en bonnes ou mauvaises, en utiles ou nuisibles à leurs auteurs et à la société, en agréables ou désagréables à Dieu. Les autres travaux consistèrent à propager la morale chrétienne ainsi que le culte auquel elle était liée. Ceux qui s'adonnèrent à la première classe de ces travaux s'enfoncèrent dans les déserts de la Thébaïde pour se trouver à l'abri de toute distraction dans leurs travaux pour le perfectionnement de la morale chrétienne, et pour la partie réglementaire ou législative de cette morale. Le plus grand nombre des premiers docteurs de la chrétienté se livrèrent à la propagation de la religion chrétienne, religion admirable, qui a prouvé sa supériorité sur toutes les autres, et même sa supériorité absolue, puisque les peuples qui l'ont adoptée sont les seuls dont le sort se soit continuellement amélioré, les seuls chez lesquels l'esclavage se soit successivement adouci et ait fini par s'anéantir.

Saint-Simon fut surpris par la mort, le 19 mai 1825, avant d'avoir pu écrire la seconde partie de ce *Quatrième cahier du Catéchisme des industriels*.

QUELQUES

OPINIONS PHILOSOPHIQUES

A L'USAGE DU XIXe SIÈCLE

PAR

SAINT-SIMON

QUELQUES

OPINIONS PHILOSOPHIQUES

A L'USAGE DU XIXe SIÈCLE

PREMIÈRE OPINION

Sur la philosophie.

Tout le monde parle de la philosophie, chacun porte son jugement sur les travaux des philosophes, et cependant très-peu de personnes conçoivent clairement les rapports existants entre les travaux philosophiques et les autres travaux intellectuels ; très-peu de personnes se font une idée nette de la marche qui a été suivie par les philosophes et de la manière dont se sont opérés les progrès de la philosophie.

La philosophie est la science des généralités. La principale occupation des philosophes consiste à concevoir le meilleur système d'organisation sociale, pour l'époque où ils se trouvent, à en déterminer l'admission par les gouvernés et par les gouvernants, à perfectionner ce système autant qu'il en est susceptible, à le renverser ensuite, quand il est parvenu aux extrêmes limites de son perfectionnement, pour en construire un nouveau avec les matériaux rassemblés dans toutes les directions particulières par les hommes livrés à des travaux intellectuels spéciaux.

Ce sont les philosophes du moyen âge (appartenant tous au clergé, parce qu'il était alors la seule classe possédant quelque instruction) qui ont conçu et établi le système théologique et féodal, après avoir renversé, jusque dans leurs fondements les plus profonds, les systèmes sociaux produits et mis en pratique par les philosophes grecs et romains.

La supériorité des philosophes du moyen âge sur ceux de l'antiquité a été constatée par la supériorité de leurs travaux sur ceux des philosophes grecs et romains, c'est-à-dire par la supériorité du système d'organisation sociale théologique et féodal sur tous les systèmes politiques en vigueur chez les peuples de l'antiquité.

DEUXIÈME OPINION.

Sur l'état de la civilisation chez les peuples de l'antiquité, et sur ses progrès chez les peuples du moyen âge.

La supériorité du système d'organisation sociale théologique et féodal sur les régimes politiques qui avaient été adoptés par les peuples de l'antiquité est évidente, et cependant ce fait n'a point encore fixé l'attention des bons esprits, aucun philosophe ne l'a encore franchement proclamé ; l'école est encore dominée par les idées philosophiques et politiques qui ont été produites dans l'antiquité ; les professeurs de philosophie ne parlent qu'avec la plus grande exaltation et avec le plus saint respect des législateurs Minos, Licurgue et Solon ; ils ne disent pas un seul mot de Charlemagne, d'Alfred ni de Grégoire VII. Les systèmes politiques des Lacédémoniens, des Athéniens et des Romains, sont pour eux des objets d'admiration, et le système d'organisation sociale qui s'est formé dans le moyen âge et qui a uni, par des liens politiques, toute l'immense population européenne, ne leur paraît qu'une conception mesquine qui ne mérite pas la plus légère attention.

Nous allons expliquer en peu de mots la cause de cette erreur. Toutes les opérations de l'esprit humain se réduisent à des comparaisons: ainsi, dire qu'une chose est bonne ou qu'elle est mauvaise, c'est dire qu'elle est meilleure ou pire que telle autre à laquelle on la compare. Quand les philosophes modernes ont vu que le système théologique et féodal avait atteint les extrêmes limites de son perfectionnement; qu'il ne pouvait plus subir les modifications nécessaires pour le mettre en rapport avec le progrès de la civilisation, et qu'il est devenu indispensable de le renverser, ils se sont mis à le critiquer; or, pour prouver qu'il était mauvais, ils avaient besoin d'un terme de comparaison; ils n'avaient pas le moyen de concevoir un système supérieur, puisque ce système ne pouvait être conçu qu'après le renversement de celui qui existait alors: ils ont pris le parti de le comparer au système antérieur des Grecs et des Romains, et, pour atteindre leur but, ils ont établi la comparaison entre ce que le système des peuples de l'antiquité avait eu de bon, et ce que le système théologique et féodal avait de pire.

Maintenant qu'on peut concevoir un système d'organisation sociale supérieur au système théologique et féodal, on peut sans inconvénient établir la supériorité de ce dernier système sur celui des peuples de l'antiquité : c'est ce que nous allons faire.

Pour rendre clair et facile à juger ce que nous allons dire à ce sujet, nous commencerons par énoncer les principales conditions qui doivent être remplies par un système d'organisation sociale; cela fait, il ne s'agira plus que de comparer les régimes politiques des peuples de l'antiquité avec celui qui s'est établi chez les Européens, à l'époque du moyen âge.

Nous ne ferons cette comparaison qu'entre le système politique suivi par les Grecs et les Romains, et le système d'organisation sociale qui s'est établi au moyen âge, par la raison que l'école accorde sans aucune hésitation la supériorité à ces deux peuples, dans tous les genres, et particulièrement en politique, sur toutes les peuplades qui leur ont été contemporaines.

Nous disons donc et nous ne craignons pas que cela nous soit contesté:

« La meilleure organisation sociale est celle « qui rend la condition des hommes composant « la majorité de la société la plus heureuse « possible, en lui procurant le plus de moyens « et de facilités pour satisfaire ses premiers « besoins.

« C'est celle dans laquelle les hommes qui « possèdent le plus de mérite, et dont la « valeur intrinsèque est la plus grande, ont le « plus de facilité à parvenir au premier rang, « quelle que soit la position dans laquelle « le hasard de la naissance les ait placés.

« C'est encore celle qui réunit dans une « même société la population la plus nombreuse « et qui lui procure les plus grands moyens de « résistance contre l'étranger.

« Enfin, c'est celle qui donne pour résultat « des travaux qu'elle protége, les découvertes « les plus importantes et les plus grands « progrès en civilisation et en lumières. »

Comparons maintenant, sous ces quatre rapports différents, les sociétés grecque et romaine avec celle qui s'est formée en Europe dans le moyen âge.

Première comparaison. Chez les Grecs et chez les Romains, l'esclave appartenait directement au maître, qui avait sur lui droit de vie et de mort.

Aucune loi, aucune institution, aucun principe de morale publique, aucune opinion religieuse ne protégeait l'esclave et n'avait pour but de limiter le pouvoir arbitraire du maître à son égard.

Sous le régime théologique et féodal, l'esclave était attaché à la glèbe; ce n'était plus que d'une manière indirecte qu'il appartenait au propriétaire du sol qui l'avait vu naître. La loi du rachat des crimes donnait une valeur à la vie d'un esclave, à chacun de ses membres, à toutes les parties de son corps : ses yeux, ses oreilles, avaient un prix déterminé, de manière que le maître qui avait tué un de ses esclaves, ou qui l'avait mutilé, était obligé d'indemniser ses enfants dans la proportion fixée par le tarif.

La morale généralement admise, ainsi que la religion, protégeaient l'esclave contre l'abus du pouvoir arbitraire de son maître; la morale chrétienne prescrivait à tous les hommes de se regarder comme frères; elle recommandait à chacun de se conduire vis-à-vis de son prochain comme il désirerait voir son prochain se conduire à son égard, et la religion chrétienne enseignait que tous les hommes, sans aucune exception, sont égaux aux yeux de Dieu.

Chez les Grecs et chez les Romains, les maîtres étaient toujours armés, journellement réunis sur la place publique ; ils habitaient presque en totalité l'enceinte des villes, qui étaient toutes fortifiées, tandis que le plus grand nombre des esclaves était répandu dans les campagnes, où ils exécutaient les travaux de la culture. Il s'ensuivait que les maîtres n'étaient point contenus par la crainte des insurrections, puisqu'elles étaient presque absolument impossibles. Sous le régime théologique et féodal, au contraire, c'étaient principalement les artisans qui habitaient les villes ; les maîtres avaient leur domicile à la campagne ; de sorte qu'ils se trouvaient isolés au milieu de leurs esclaves, d'où il résultait qu'ils étaient jusqu'à un certain point contenus par la crainte d'une vengeance de leur part, vengeance dont l'exécution était possible, et qui avait lieu quelquefois quand les esclaves étaient exaspérés par de trop mauvais traitements.

Les jeunes Lacédémoniens allaient fréquemment à la chasse aux ilotes, et il ne résultait jamais pour eux aucun inconvénient des plaisirs barbares qu'ils se procuraient de cette manière. De pareils excès ne sont point arrivés sous le régime théologique et féodal.

Ainsi le sort des hommes composant la très-grande majorité de la société a été beaucoup moins malheureux sous le régime théologique et féodal qu'il ne l'avait été sous le système d'organisation en vigueur chez les Grecs et chez les Romains.

Deuxième comparaison. Chez les Grecs et chez les Romains, ce sont les patriciens qui ont habituellement et presque exclusivement dirigé les affaires publiques; ce sont eux qui ont occupé les emplois les plus importants du pouvoir temporel. Les sénateurs étaient patriciens, les grands prêtres, les aruspices et les augures étaient également patriciens. Les magistratures occupées par les plébéiens n'étaient que d'un ordre inférieur, et ne les faisaient point participer à l'action directrice; elles leur procuraient seulement quelques moyens de s'opposer au pouvoir arbitraire qui était confié aux patriciens; jamais les plébéiens n'ont obtenu le premier degré d'importance, et le degré d'importance qu'ils ont obtenu par les insurrections ne s'est jamais consolidé.

Dans l'habitude de la vie, les plébéiens se trouvaient presque dans un état de domesticité à l'égard des patriciens ; d'après les usages de ce temps-là, ils se constituaient les clients des patriciens les plus importants, et en cette qualité, ils les suivaient dans les rues, et faisaient antichambre dans leurs maisons.

Les avantages les plus essentiels dont les plébéiens jouissaient à l'égard des esclaves, consistaient en ce que les premiers choisissaient à leur gré le maître auquel ils s'attachaient, que la loi les protégeait contre tout mauvais traitement physique, et qu'il leur était assez facile de se coaliser entre eux pour effectuer d'importantes insurrections.

En un mot, tout homme qui examinera sans préjugé les dispositions principales de l'organisation sociale des Grecs et des Romains, reconnaîtra qu'elles étaient toutes à l'avantage des patriciens, qui formaient une aristocratie héréditaire; il reconnaîtra que le pouvoir de diriger les intérêts généraux de la société fut constamment la propriété des patriciens, et que cette hérédité pour eux des pouvoirs politiques était fortement cimentée par la disposition législative qui accordait droit de vie et de mort aux pères sur leurs enfants. Cette disposition empêchait les jeunes gens de se livrer aux idées généreuses ayant pour but l'établissement de l'égalité, puisqu'elle les mettait sous la dépendance absolue des vieillards, qui sont infiniment moins susceptibles que les jeunes gens de passions nobles et élevées.

Enfin, si on observe attentivement les obstacles qui s'opposaient à ce que les hommes de mérite parvinssent au premier rang, quand ils n'étaient pas patriciens, on sera forcé de convenir qu'en général l'organisation sociale des Grecs et des Romains condamnait à l'obscurité les hommes nés dans la classe la plus nombreuse de la nation, quelle que fût leur valeur intrinsèque relativement à celle des patriciens.

Le système théologique et féodal s'est fondé sur des principes très-différents, et, sous certains rapports, tout à fait opposés à ceux qui avaient servi de base au système politique des Grecs et des Romains.

Chez les Grecs et chez les Romains, le pouvoir spirituel était subordonné au pouvoir temporel, auquel il servait humblement d'auxiliaire.

Chez les Européens du moyen âge, l'influence du pouvoir spirituel était prépondérante ; le pouvoir spirituel était général, les pouvoirs temporels n'avaient qu'une autorité locale.

Chez les Grecs et chez les Romains, le pouvoir spirituel était exclusivement dirigé par les patriciens.

Chez les Européens du moyen âge, ce furent les plébéiens qui dirigèrent habituellement le pouvoir spirituel pendant tout le temps que le système théologique et féodal fut dans sa vigueur.

Ce furent, en un mot, les patriciens qui dirigèrent les intérêts des Grecs et des Romains, tandis que ce furent les plébéiens qui se placèrent en tête de la société européenne, et qui lui servirent de guides, pendant toute la durée du moyen âge.

C'est du clergé, composé essentiellement de plébéiens, et qui a été constamment dirigé par eux-mêmes, dans le petit nombre de cas où les papes ont été pris dans les rangs des patriciens, que l'espèce humaine doit les progrès faits par la civilisation depuis Hildebrand jusqu'au

XVIe siècle. Or, ces progrès ont été immenses, et ils ont placé l'esprit humain à une hauteur beaucoup plus grande que celle où il s'était élevé à l'époque la plus brillante des sociétés grecque et romaine.

C'est le clergé catholique qui a déterminé tous les défrichements qui se sont effectués dans les Gaules, dans la Germanie et dans tout le nord de l'Europe ; c'est lui qui a dirigé et personnellement exécuté les premières opérations de ce genre.

C'est le clergé qui a rendu les Européens susceptibles de faire des progrès en intelligence, par le soin qu'il a eu, pendant tout le moyen âge, d'entretenir dans toutes les parties de l'Europe des écoles où l'on enseignait à lire et à écrire.

C'est le clergé qui a conservé tous les monuments de science, de littérature et de beaux-arts qu'avaient produits les Grecs et les Romains, et qui avaient survécu aux ravages des barbares.

C'est encore le clergé qui a mis un frein à l'humeur guerroyante des chefs du pouvoir temporel, en établissant *la trêve de Dieu*.

C'est lui qui a commené à faciliter les communications, en suscitant la construction des ponts et des chemins par les indulgences qu'il accordait à ceux qui se livraient à ce genre de travaux.

C'est lui qui a introduit en législation les formes conservatrices des intérêts particuliers dans les procès civils et criminels.

Enfin, c'est lui qui a exclusivement cultivé les sciences et les autres travaux intellectuels, depuis Hildebrand jusqu'à Luther.

On objectera, peut-être, à l'éloge que nous venons de faire de la disposition fondamentale qui a placé la haute direction des intérêts de la société dans les mains des prêtres, que, chez les Égyptiens, le pouvoir spirituel avait eu la prépondérance sur le pouvoir temporel, et qu'il avait été aussi dirigé par les plébéiens de cette époque.

A cela nous répondons, que la belle combinaison du système théologique et féodal a consisté en ce que le clergé était le lien politique qui unissait toutes les nations européennes, et que le pouvoir spirituel se trouvait renfermé dans les limites qu'il ne peut point franchir sans qu'il en résulte les plus grands inconvénients pour la société : il avait la direction des intérêts communs à tous les peuples européens, mais il ne gouvernait directement aucun d'eux ; tandis que les prêtres égyptiens avaient entièrement absorbé le pouvoir temporel, et soumis toute la population d'Égypte à un régime monacal et à une complète apathie morale.

Nous concluerons de cette seconde comparaison, que nous ne croyons pas devoir pousser plus loin, que les hommes de mérite, quelle que fût leur naissance, ont eu beaucoup plus de facilité à s'élever au premier rang chez les Européens du moyen âge, qu'ils n'en avaient eu chez les Grecs et chez les Romains.

Troisième comparaison. La nation romaine a été infiniment plus nombreuse que ne l'avait été aucune des nations grecques, et cependant jamais elle n'a compté dans la même génération cinq cent mille citoyens.

Le territoire national des Romains a été beaucoup plus étendu que ne l'avait été celui d'aucun peuple grec ; cependant jamais sa dimension n'a égalé celle de la Normandie.

Les Romains appelaient barbare tout ce qui n'était pas Romain, et ils disaient : *Pour les barbares, les fers ou la mort.* Le même principe antiphilanthropique avait été précédemment adopté par les Grecs, qui considéraient les étrangers comme des ennemis, et qui les regardaient comme de bonne prise, eux et tout ce qui leur appartenait, quand ils pouvaient s'en emparer.

Les Grecs et les Romains, s'étant constitués ennemis du genre humain, ont dû finir par être conquis par lui et anéantis comme société politique. Car, malgré leur supériorité en capacité militaire et en développement d'intelligence, ils n'étaient pas aussi forts que le surplus de l'espèce humaine, qu'ils avaient ligué contre eux en se déclarant ennemis de tous les étrangers : leur perte était d'autant plus certaine, qu'ils étendaient leurs conquêtes.

Enfin, en résultat du vice radical de l'organisation sociale que les Grecs et les Romains avaient adopté, leur société politique a été complétement anéantie.

Le contraire est arrivé aux Européens du moyen âge : dès le moment qu'ils ont eu adopté le système d'organisation sociale théologique et féodal, leur société politique s'est trouvée composée de plus de soixante millions d'individus, et toute la partie centrale et occidentale de l'Europe leur a appartenu, à titre de possession sociale.

Cette société s'est ensuite continuellement augmentée, sous le rapport de la dimension de son territoire, ainsi qu'à l'égard de l'accroissement du nombre des sociétaires.

Elle a d'abord été vivement attaquée par les Sarrasins et par les Saxons, mais elle a converti les Saxons qui se sont unis à elle ; quant aux Sarrasins, elle les a vigoureusement chassés de la France ; elle les a relégués dans le sud de l'Espagne ; elle a porté ensuite la guerre dans leur propre pays, et elle les a fait renoncer, par ce moyen, à toute nouvelle tentative de conquête en Europe.

Cette société a également repoussé d'abord, ensuite converti et réuni à elle les peuples du nord, qui l'avaient longtemps tourmentée par des incursions sur ses côtes.

Enfin, cette société est parvenue, depuis plusieurs siècles, à un point de supériorité tel, à l'égard de tout le surplus de l'espèce humaine, qu'elle n'a plus rien à craindre de la part de l'étranger.

C'est au principe institué par la religion chrétienne : « Tous les hommes doivent se regarder comme frères, » que les Européens du moyen âge ont dû l'avantage, dont ils ont joui, de voir l'importance de leur société politique s'accroître continuellement, de la voir devenir plus nombreuse qu'aucune de celles qui avaient existé avant elle, de la voir enfin parvenir à un degré de solidité tel, qu'elle avait cessé, dès le XVe siècle, d'avoir rien à craindre de l'étranger.

Il est donc évident, en résultat de cette troisième comparaison, que la société théologique et féodale instituée dans le moyen âge, a possédé une organisation politique supérieure à celle qui avait été adoptée par les Grecs et par les Romains, puisque cette société a été beaucoup plus nombreuse, qu'elle a possédé de plus grands moyens de résistance à l'égard de l'étranger que toutes celles qui l'avaient précédée, et qu'elle a fini par devenir absolument prépondérante à l'égard de tout le reste de l'espèce humaine.

Quatrième comparaison. Ce sont les peuples de l'antiquité qui ont inventé les langues, l'écriture et la numération. Ce sont eux qui ont fabriqué les premiers instruments au moyen desquels l'espèce humaine a pu commencer l'exécution de grands travaux.

Ce sont les peuples de l'antiquité qui ont créé les beaux-arts; ils les ont portés au plus haut degré de perfection qu'ils aient jamais atteint.

Pour l'invention directe, pour l'imagination agissant immédiatement sur les sens, les peuples de l'antiquité sont restés maîtres.

On est forcé de reconnaître que les travaux des peuples de l'antiquité, en ce genre, sont restés supérieurs à tous ceux qui ont été produits par leurs successeurs.

Mais pour les observations approfondies, pour les calculs étendus, pour les idées abstraites, pour la connaissance des lois qui régissent les phénomènes de la nature, les peuples de l'antiquité sont restés dans l'enfance. Les sciences physiques et mathématiques leur ont été presque entièrement inconnues, et les idées de morale générale qu'ils ont conçues n'ont eu chez eux qu'une valeur théorique : ils n'ont point imaginé les moyens de les appliquer à la politique.

L'idée que le soleil était plus grand que le Péloponèse paraissait aux Grecs une conception extravagante et absurde.

En politique, ils ont considéré les divers peuples comme étant des ennemis-nés et irréconciliables ; ils ont beaucoup travaillé à découvrir, pour chacun d'eux, les moyens de parvenir à la domination de tous les autres ; mais ils ne se sont pas attachés à leur faire sentir l'intérêt qu'ils avaient à s'unir, et à combiner leurs forces pour agir sur la nature et pour la modifier de la manière la plus convenable à l'accroissement de leur bien-être.

La classe militaire leur a paru celle qui devait être à tout jamais prépondérante ; ils ont regardé les occupations industrielles comme avilissantes, et, par cette raison, une classe très-nombreuse, composée d'esclaves, est devenue à leurs yeux nécessaire à l'existence politique.

Ils n'ont point inventé d'autre organisation sociale que celle dans laquelle le pouvoir aristocratique, par droit de naissance, était le pouvoir dirigeant. La société était divisée chez eux en trois grandes classes : les maîtres qui avaient des esclaves, les maîtres qui n'en avaient pas, et les esclaves ; et les maîtres qui n'avaient pas d'esclaves se trouvaient nécessairement dans la dépendance de ceux qui en avaient, puisque les travaux au moyen desquels ils auraient pu pourvoir à leur subsistance étant réputés avilissants, ils ne pouvaient pas s'y livrer, et qu'ils en auraient d'ailleurs été détournés par leurs occupations politiques, qui les amenaient fréquemment sur la place publique.

Ils n'ont conçu le pouvoir spirituel que comme auxiliaire du pouvoir temporel. Ils n'ont point senti que la morale générale était la science qui devait régler l'action de la société, et que la superposition d'une institution chargée de l'enseignement et de la conservation de la morale générale, sur tous les pouvoirs militaires et temporels quelconques, était le meilleur de tous les moyens qui pussent être employés pour hâter les progrès de la civilisation.

Les Européens du moyen âge se sont placés au point de vue le plus élevé auquel les peuples de l'antiquité soient parvenus, et ils ont marché en avant.

Ils ont considéré le système des beaux-arts comme ayant été suffisamment avancé par leurs prédécesseurs pour les circonstances où la civilisation se trouvait ; ils ne se sont point occupés de les perfectionner ; ils ont porté toutes leurs forces et toute leur attention vers le système de morale et de politique [1].

1. Plusieurs siècles ont séparé le système social des Grecs et des Romains de celui dont Charlemagne et Grégoire VII ont été les fondateurs. Ces siècles doivent être considérés comme une époque de transition ; la faiblesse de l'intelligence humaine exige que la complète désorganisation d'un système précède la formation théorique et l'établissement pratique du système qui est appelé à le remplacer.

Les peuples barbares ont rendu un service immense à l'espèce humaine, en détruisant entièrement l'organisation sociale qui avait été établie par les Grecs et par les Romains.

Les peuples de l'antiquité avaient terminé leurs travaux par la production de la religion chrétienne, qui contenait les principes de la morale générale la plus pure; mais ils n'avaient fait aucune application politique de la sublime théorie qu'ils avaient établie. Les Européens du moyen âge ont fondé leur organisation sociale sur les principes de la religion chrétienne, qu'ils ont rapetissée, et à laquelle ils ont donné la forme de catholicisme ou de religion papale, pour l'accommoder à l'état d'ignorance dans lequel l'Europe se trouvait après les invasions successives multipliées des barbares sortis des régions septentrionales.

Quand on observe d'une manière philosophique la marche suivie par la civilisation pendant le moyen âge, on reconnaît que, durant cette grande époque, les travaux de l'esprit humain ont eu successivement trois caractères bien distincts.

Pendant la totalité du IXe, du Xe, du XIe et du XIIe siècle, ainsi que pendant la première moitié du XIIIe, les Européens qui possédaient les capacités intellectuelles les plus distinguées s'occupèrent exclusivement de perfectionner le système d'organisation sociale : ils avaient une tâche bien difficile à remplir.

Ils devaient adoucir le sort des esclaves et préparer l'entière abolition de l'esclavage.

Ils devaient superposer les moralistes aux militaires, les hommes pacifiques aux guerriers, et procurer aux maîtres pauvres, c'est-à-dire à ceux qui ne possédaient pas d'esclaves, des moyens honorables d'existence et des facilités pour s'élever à un rang social proportionné à la capacité qu'ils développeraient et aux services qu'ils rendraient à la société.

Ils devaient encore assurer la durée indéfinie d'existence de la nouvelle société, en lui faisant adopter des principes de politique générale qui ne provoquassent point l'inimitié du surplus de l'espèce humaine, et qui fussent tels qu'elle pût facilement admettre comme associés les peuples qui auraient été ses ennemis les plus acharnés.

Enfin elle devait faciliter à l'intelligence humaine les moyens de se développer, et préparer les travaux ayant pour objet l'étude des lois qui régissent les phénomènes de la nature, ainsi que les efforts des industriels ayant pour but de modifier la nature de manière à la rendre la plus propre possible aux usages et aux besoins de la société.

Cette tâche a été admirablement remplie par Charlemagne, par Alfred, par Grégoire VII et par une multitude d'hommes dont le génie est amplement constaté aux yeux de celui qui observe le résultat de leurs travaux.

Ce sont les principes proclamés par les philosophes grecs et par les philosophes juifs réunis à Alexandrie, où ils ont établi la philosophie chrétienne, qui ont servi de base au système théologique féodal.. Mais quels immenses travaux les philosophes du moyen âge n'ont-il pas eu à faire pour adapter ces principes à l'organisation sociale convenable aux circonstances où ils se trouvaient !

La religion chrétienne était essentiellement démocratique et elle aurait inévitablement conduit la société à l'anarchie si on avait voulu l'adapter dans toute sa pureté au système politique. Les philosophes du moyen âge lui ont substitué la religion catholique, qui était essentiellement monarchique, et qui, pour cette raison, remplissait les conditions nécessaire pour l'établissement de la nouvelle organisation sociale.

Pour opérer ce grand remaniement des idées

fondamentales, il a fallu d'abord convertir le grand principe de l'infaillibilité de l'Église, qui signifiait primitivement l'infaillibilité de la majorité des fidèles, en infaillibilité du clergé; il a fallu ensuite convertir l'infaillibilité du clergé en infaillibilité papale.

Il a fallu encore changer le désintéressement qui animait le clergé primitif en un sentiment tout à fait opposé, celui de l'ambition des richesses, afin de lui donner des intérêts matériels à défendre, seul moyen qui pouvait être employé pour faire du clergé une institution vraiment politique.

Enfin, pour opérer la substitution de la religion catholique à la religion chrétienne, que sa trop grande pureté rendait inadmissible en politique, il a fallu inventer les fausses décrétales et produire une multitude d'autres inventions toutes admirables, puisque ce sont elles qui ont commencé à donner de la solidité à la société enropéenne, société qui est devenue la gloire et l'espoir de l'espèce humaine.

En un mot, c'est aujourd'hui une vérité incontestable aux yeux des philosophes, que le pouvoir matériel, c'est-à-dire, que les richesses possédées par le clergé, et particulièrement par le papes, pendant le moyen âge, leur étaient nécessaires pour soumettre la direction militaire à la direction scientifique, et les passions violentes aux capacités intellectuelles des Européens, jusqu'à l'époque où Louis IX a paru.

Par une conduite fondée sur les principes de la morale la plus élevée, ce philosophe a donné une nouvelle direction aux travaux de la société européenne ; il paraît certain que cet homme, prodigieux pour l'époque où il a paru, avait conçu le plan d'une encyclopédie.

Pendant les IXe, Xe, XIe et XIIe siècles, ainsi que pendant la première moitié du XIIIe, les Européens se sont presque exclusivement occupés, ainsi que nous venons de le dire, de la formation et de la consolidation de leur société politique ; et c'est seulement vers le milieu du XIIIe siècle, et en résultat des travaux politiques qui les avaient presque exclusivement occupés pendant les cinq siècles précédents, qu'ils sont parvenus à primer le surplus de l'espèce humaine, qu'ils ont eu la conscience de leur supériorité, et qu'ils ont senti qu'ils n'avaient plus rien à craindre de l'étranger.

Les Européens, n'ayant plus rien à craindre de l'étranger, purent disposer d'une grande partie des forces d'intelligence qu'ils avaient employées jusque-là dans la direction de la politique extérieure, et ils prirent sur-le-champ le parti de donner à ces forces la direction dans laquelle elles pouvaient contribuer, de la manière la plus positive, à l'accroissement de leur bien-être.

Pour atteindre ce but, la classe plébéienne se livra en même temps à deux espèces de travaux : d'une part, certains plébéiens commencèrent à mettre en activité les différentes branches de l'industrie. Ce sont ces plébéiens laïques qui se sont adonnés à l'industrie, tandis que les plébéiens composant le clergé se sont livrés à l'étude des sciences physiques et mathématiques. Roger Bacon a été le plus grand physicien de cette époque, et Roger Bacon était moine.

Le fait que c'est le clergé qui a commencé à s'occuper des sciences physiques et mathématiques, que c'est lui qui les a presque exclusivement cultivées jusqu'au XVe siècle, est très-important à remarquer; car il en résulte la preuve que l'existence du clergé a été éminemment utile à la société jusqu'au XVe siècle, ce qui se trouve en opposition directe avec les fausses idées de philosophie qui sont encore dominantes dans l'école. C'est évidemment au clergé que les progrès de la civilisation ont été dus jusqu'au XVe siècle, et les littérateurs de nos jours accusent encore le clergé d'avoir été le plus grand obstacle au progrès des lumières!

Passons à l'examen de la troisième époque du système théologique et féodal. Cette époque renferme le XVe et le XVIIe siècle.

Les grandes découvertes ne sont jamais dues au hasard ; elles sont toujours une suite de travaux qui ont préparé l'esprit humain à les concevoir ou à les apercevoir.

C'est, d'une part, la découverte de la boussole, qui a eu lieu bien longtemps avant le XVe siècle ; ce sont, d'une autre part, les progrès faits dans l'art de la navigation pendant le XIIIe et le XIVe siècles, qui ont procuré aux Européens du XVe siècle les moyens de découvrir l'Amérique, découverte dont les résultats ont exercé sur le système des idées l'influence philosophique la plus heureuse, en faisant connaître d'une manière matérielle, aux hommes, la dimension de la planète qu'ils habitent, et en faisant cesser la croyance que tout l'univers avait été créé pour l'homme, croyance qui rendait l'homme orgueilleux et peu propre aux travaux nécessaires à l'amélioration de son existence et à l'accroissement de son bien-être positif; croyance qui est devenue évidemment absurde, quand la dimension de notre planète, relativement à celle des autres corps célestes, a été bien connue.

Ce sont les observations astronomiques faites pendant le XIIIe et le XIVe siècle, ainsi que les progrès des mathématiques pendant cette époque préparatoire, qui ont donné au chanoine Copernic les moyens de découvrir la véritable construction du système solaire.

Ce sont les premiers essais dans la gravure, ayant pour objet de multiplier promptement les copies des écritures, essais tentés pendant le XIVe siècle, qui ont conduit les hommes du XVe à la découverte de l'impression au moyen de caractères mobiles.

Ce que nous venons de dire sur les découvertes faites pendant le XVe siècle n'est qu'une considération spéciale à ce sujet. Nous allons considérer ce siècle admirable d'un point de vue plus général et plus élevé.

Ce n'est pas seulement sous le rapport des sciences physiques et mathématiques, et sous celui des arts et métiers que les Européens du

XVe siècle se sont distingués ; ils se sont lancés en même temps dans les carrières les plus importantes et les plus étendues que l'esprit humain puisse parcourir ; ils ont été des hommes généraux, les premiers hommes généraux qui aient jamais existé. Ils ont recréé les beaux-arts, ils ont reproduit la morale sublime de l'école chrétienne d'Alexandrie. D'une part, ils ont dégagé cette morale de tous les *amoindrissements* que le catholicisme lui avait fait subir, ainsi que de toutes les superstitions dont il l'avait surchargée ; d'une autre part, ils ont perfectionné cette doctrine en en faisant disparaître toutes les croyances qui se trouvaient en opposition avec les découvertes faites depuis dans les sciences naturelles. Ainsi les hommes du XVe siècle se sont distingués en même temps dans les sciences morales et religieuses, dans les sciences physiques et mathématiques, dans les beaux-arts et dans les arts et métiers. Ils ont donc été, ainsi que nous venons de le dire, des hommes généraux : car il n'existe point de travaux utiles qui ne fassent partie d'une de ces quatre divisions.

Ce qui a été surtout remarquable, c'est que les véritables chefs du peuple, c'est-à-dire ceux qui le commandent dans ses travaux journaliers, se sont placés en tête de ce mouvement ; qu'ils ont protégé, dirigé et régularisé cet élan général de l'espèce humaine. Les Médicis étaient tous négociants et fabricants ; et ce sont eux qui ont joué le rôle le plus brillant et le plus important au XVe siècle.

C'est donc au XVe siècle que le sceptre du monde est parvenu à se placer dans les mains du bon sens, dans celles du sens commun [1].

L'époque du XVe siècle a été la plus mémorable de toutes les époques de l'esprit humain ;

1. Nous employons l'expression *bon sens, sens commun,* dans sa propre acception. Nous entendons par bon sens, sens commun, le sens, l'opinion du grand nombre, celui de la majorité absolue. Notre intention est de faire remarquer que c'est seulement à cette époque que la voix du peuple a pu et a dû être considérée comme celle de Dieu.

La majorité de la société s'est toujours composée et se composera toujours des ouvriers, occupés de travaux manuels : ainsi les entrepreneurs des travaux industriels se trouvent, par la nature des choses, directeurs et représentants de l'opinion de la majorité.

C'est au XVe siècle, pour la première fois depuis l'existence du monde, que la voix du peuple, proclamée par les Médicis, s'est montrée avec un caractère vraiment divin, puisque c'est pour la première fois que le peuple, par l'entremise de ses chefs, a clairement accordé sa protection aux sciences, aux beaux-arts, à la philosophie et à tous les travaux pacifiques qui peuvent accroître le bien-être physique et moral de l'espèce humaine.

tous les travaux précédents ne doivent être considérés que comme des opérations préliminaires et préparatoires ; il semblerait qu'à cette époque tous les grands hommes qui avaient existé soient sortis du tombeau, et se soient réunis en une assemblée, pour aviser aux moyens de faire concourir toutes les capacités intellectuelles à l'amélioration du bien-être de l'espèce humaine. C'est seulement à cette époque que les hommes ont possédé tous les instruments intellectuels nécessaires pour combiner leurs forces et leurs capacités dans toutes les directions pacifiques.

On a pu dès lors entrevoir la possibilité d'effectuer la grande opération morale, poétique et scientifique, qui doit déplacer le paradis terrestre et le transporter du passé dans l'avenir.

Cette opération intellectuelle est la plus importante de toutes celles qui peuvent être faites ; elle est celle qui améliorera le plus directement le sort de la société en perfectionnant sa morale ; elle anéantira l'idée fausse et décourageante que le bien a précédé le mal ; elle établira l'idée juste, consolante et puissamment stimulante, que les travaux auxquels nous nous livrons accroîtront le bien-être de nos enfants, idée essentiellement religieuse, puisqu'elle présente le paradis céleste comme la récompense finale de tous les travaux qui auront contribué à l'amélioration du sort de l'espèce humaine pendant toute la durée de son existence terrestre.

Nous résumons cette seconde opinion en disant : Le système théologique et féodal qui s'est formé dans le moyen âge a poussé la civilisation beaucoup plus loin que ne l'avait fait le système politique et religieux des Grecs et des Romains; il a produit, en résultat final, les travaux du xve siècle, qui ont placé les peuples modernes infiniment au-dessus des peuples de l'antiquité.

Depuis le xve siècle les philosophes ont dû s'occuper principalement de la désorganisation du système théologique et féodal, puisque les découvertes faites à cette époque ont fourni les matériaux nécessaires pour établir un système d'organisation sociale très-supérieur à celui qui s'est formé dans le moyen âge.

Aujourd'hui les travaux de désorganisation se trouvant suffisamment avancés et les préjugés n'opposant plus que de faibles obstacles à la production de nouveaux principes, les philosophes doivent unir leurs forces pour produire un système social proportionné à l'état présent des lumières et de la civilisation.

TROISIÈME OPINION

Sur les progrès de la civilisation depuis le xve siècle.

La désorganisation d'une société politique qui joue le principal rôle dans le monde, et la réorganisation d'une société politique fondée sur de nouvelles institutions, est l'opération la plus importante, la plus difficile, et qui exige le plus de temps de toutes celles qui se trouvent soumises à la direction de notre intelligence.

On ne doit pas être surpris que plusieurs siècles aient été nécessaires pour opérer l'entière désorganisation du système politique que les Grecs et les Romains avaient adopté, et pour préparer l'organisation que les peuples du moyen âge se sont donnée.

On ne doit pas être étonné davantage de voir que, depuis le xve siècle jusqu'à nos jours, les philosophes européens aient été exclusivement occupés, d'une part, à désorganiser le système théologique et féodal, de l'autre, à préparer l'organisation du système scientifique et industriel, et qu'ils n'aient point encore produit leurs idées relativement aux institutions qui doivent servir de base à la nouvelle organisation sociale.

La désorganisation du système théologique et féodal a commencé par la critique de l'institution qui exerçait la plus grande prépondérance sur la totalité du système.

La croyance à la religion papale a été attaquée directement par Luther [1] et indirectement par Copernic.

1. Luther a rendu un service très-important aux Européens, puisqu'il a attaqué le pouvoir papal, qu'il a anéanti dans tout le Nord, et dont il a considérablement diminué l'importance chez les nations qui ont continué à professer la religion catholique, depuis l'époque où ce pouvoir a cessé d'être en rapport avec les lumières acquises et avec les besoins de la société. Mais il ne faut pas se dissimuler que les idées de Luther n'avaient de valeur que sous le rapport critique. Si on les considère en elles-mêmes, et sans les mettre en comparaison avec la religion catholique, on reconnaît qu'elles ne sont point justes et qu'elles ne peuvent nullement servir de guide à l'esprit humain.

La morale et le culte établis par Luther ne suffisent point aux besoins actuels de la société. Ce réformateur a voulu rétablir la religion chrétienne telle qu'elle était à son origine. Cette pensée est vicieuse.

Le but primitif de la religion chrétienne a été l'anéantissement de l'esclavage. Ce but ayant été atteint, la religion doit s'en proposer un autre, qui soit plus avancé que le pre-

Luther a reproché à la religion papale d'avoir rapetissé la morale chrétienne. Il a prêché que l'infaillibité primitivement accordée à l'opinion la plus généralement admise par les fidèles ayant été convertie en infaillibité du pape, il en était résulté de grands inconvénients pour la société. Il a prouvé que la cour de Rome abusait de l'omnipotence qu'elle s'était attribuée sur le spirituel et sur le temporel.

Copernic a démontré que l'univers n'avait pas été créé pour l'homme, puisque l'homme n'y jouait qu'un rôle très-secondaire, la planète qu'il habite étant une des plus petites connues, et cette planète, loin d'être placée au centre du monde, comme les peuples de l'antiquité l'imaginaient, tournant autour du soleil, qui tourne lui-même autour d'autres systèmes célestes beaucoup plus importants.

mier : c'est d'établir une organisation sociale qui assure du travail, sans aucune interruption, à tous les prolétaires, une instruction positive à tous les membres de la société, et des jouissances qui soient de nature à developper leur intelligence.

La religion de Luther est vicieuse encore sous un autre rapport : c'est que ce réformateur a exclu l'action des beaux-arts de son culte ; ce qui est absurde, puisque la théologie est sœur des beaux-arts.

Nous traiterons directement cette question dans une autre opinion.

Les travaux commencés par Luther et par Copernic ont principalement occupé l'école et toute la société jusqu'à la révocation de l'édit de Nantes.

A cette époque, la papauté avait décidément perdu sa prépondérance sur les pouvoirs temporels ; car toutes les puissances du Nord ont constitué des pouvoirs spirituels indépendants du pape, et les puissances du Midi l'ont forcé de renoncer à la prétention qu'il avait élevée jusque-là de l'omnipotence politique et religieuse, en sa qualité de vicaire de Dieu sur la terre. A partir de cette époque, les philosophes ne se sont plus occupés de la critique du pouvoir temporel que d'une manière accessoire et secondaire.

Après que les critiques ont eu complétement renversé, sous les rapports théologique et scientifique, les principes qui servaient de base au pouvoir spirituel dans le système théologique et féodal, ils ont dirigé principalement leurs forces vers la critique du pouvoir temporel.

Voltaire, Diderot, d'Alembert et tous les littérateurs distingués du XVIIIe siècle, tant en France que dans tout le reste de l'Europe, ont prouvé que les rois avaient rendu un grand service aux peuples, en écrasant les grands vassaux, en arrachant à la noblesse toutes les forces politiques virtuelles qu'elle possédait, et en s'emparant de tous les pouvoirs souverains qui se trouvaient disséminés dans les mains des barons; ils ont démontré que l'aristocratie par droit de naissance devait être abolie, puisqu'elle n'était plus nécessaire au maintien de l'ordre social.

D'autres travaux importants ont occupé la masse de la société depuis le XVe siècle jusqu'à ce jour. Ces travaux ont été de deux espèces : les uns ont occupé les savants et les autres les industriels. Nous rendrons compte d'abord des travaux des industriels.

Les industriels se sont ligués avec la royauté contre la noblesse; et par l'appui qu'ils ont donné aux rois, ils leur ont fourni les moyens de s'emparer des pouvoirs politiques qui se trouvaient dans les mains des nobles.

En échange des services qu'ils avaient rendus à la royauté, ils ont obtenu sa protection, au moyen de laquelle ils sont parvenus à faire disparaître complétement l'esclavage auquel ils avaient été soumis.

Les industriels se sont ensuite organisés entre eux, et, au moyen de leur organisation, ils sont parvenus à posséder une force sociale imposante, une force pacifique supérieure à la force militaire, à la tête de laquelle les nobles sont restés jusqu'à présent; une force telle, que les rois peuvent sans inconvénient confier aux industriels la direction du pouvoir temporel et débarrasser la société de la noblesse, qui n'est plus qu'une charge pour elle.

L'organisation des industriels s'est effectuée au moyen de l'établissement de la banque, qui lie entre elles toutes les branches de l'industrie, et qui dirige l'emploi politique de ses capitaux.

Les savants et les artistes, de leur côté, se sont ligués avec la royauté; ils ont fourni aux rois le moyen de secouer le joug papal, en combattant par des démonstrations et par la séduction des beaux-arts [1], la croyance des peuples

1. Avant le xve siècle, l'attention des peuples était toujours fixée sur les idées religieuses; ils ne les perdaient pas de vue, même quand ils se livraient au plaisir. Les grands divertissements publics étaient des processions. Sur les théâtres on représentait les *mystères*. La musique consistait en général dans des chants d'église; les présents réputés les plus magnifiques étaient des reliques. Or, les jouissances de cette espèce procuraient évidemment aux papes de grands avantages politiques sur les rois.

Quand les artistes eurent pris leur essor, ce furent eux qui se chargèrent de pourvoir aux plaisirs du public.

La mise en action des grands traits d'histoire, des ta-

aux idées superstitieuses sur lesquelles les papes avaient fondé leur omnipotence.

En échange des services que les rois ont reçus des savants et des artistes, ils leur ont accordé leur protection d'une manière toute spéciale, au point qu'ils ont pris la peine de les organiser en Académies des sciences et des beaux-arts.

Ils ont rendu ces académies indépendantes du clergé, chose qui est bien nécessaire, car sans cela les théologiens auraient entravé leur marche, en opposant l'infaillibilité papale à leurs démonstrations et à leurs efforts pour fixer l'attention publique sur les travaux les plus utiles à la société.

Nous ne croyons pas devoir pour le moment

bleaux de mœurs, remplacèrent sur le théâtre la représentation des mystères. Des décorations élégantes, représentant de beaux sites, des ballets inspirant la gaieté, remplacèrent les processions; le chant d'église cessa d'être la musique exclusive : les musiciens trouvèrent le moyen de provoquer par leurs accords des sentiments de tous les genres, et ils unirent leurs efforts à ceux des poëtes pour soustraire les hommes à l'empire de la mysticité. Enfin les reliques cessèrent d'être réputées les présents magnifiques; les chefs-d'œuvre en peinture et en sculpture commencèrent à être considérés comme les choses les plus précieuses que l'homme pût posséder.

Ce nouvel ordre de jouissances procura incontestablement aux rois un grand avantage politique sur les papes.

donner plus de développement à cette opinion. Nous avons seulement voulu constater dès aujourd'hui ce fait très-important dans les circonstances actuelles, c'est que la royauté a été l'institution qui a servi de point d'appui aux novateurs dans la direction spirituelle et dans la direction temporelle.

QUATRIÈME OPINION

Sur les tentatives faites pour réorganiser la société depuis 1789.

Depuis le xve siècle jusqu'en 1793, les Européens ont travaillé avec beaucoup d'ardeur à la désorganisation du système théologique et féodal, mais ils ne se sont point ingéniés à découvrir le système qui devait remplacer celui qu'ils anéantissaient[1].

1. On pourrait nous objecter que les Anglais se sont réorganisés depuis le xve siècle. A cela nous répondrons :

1° L'organisation sociale anglaise n'est point radicalement distincte de celle qui était établie en Europe dans le moyen âge; elle n'est autre chose que le système théologique et féodal modifié.

2° C'est faute de l'avoir bien observée que les Européens

C'est seulement en 1793 qu'ont été commencés les travaux ayant pour objet la réorganisation de la société.

Depuis cette époque, la société a été soumise à quatre expériences que nous allons examiner successivement.

La première expérience faite sur la société française a été celle par laquelle on a tenté d'y introduire les mœurs et les institutions des Grecs et des Romains [1].

continentaux admirent la constitution anglaise; car, en l'analysant, on reconnaît que, dans cette combinaison, le gouvernement est considéré par la nation comme un ennemi contre lequel elle doit se fortifier le mieux possible, d'où il résulte une lutte continue entre l'anarchie et le despotisme, ce qui ne constitue point par conséquent un ordre de choses calme et stable.

3° Enfin nous faisons observer que l'organisation sociale anglaise a pu convenir à un peuple isolé, mais qu'elle ne peut point être appliquée à une société composée de plusieurs peuples, parce qu'elle est fondée sur l'égoïsme national.

1. Nous commençons l'examen des tentatives faites pour réorganiser la société à l'époque de 1793. Nous ne parlons point de la constitution de 1791, parce que ce travail n'avait, dans la réalité, qu'une valeur de démolition. Cette constitution annulait le pouvoir royal, qui est l'institution fondamentale et nécessaire des sociétés actuelles, et elle ne remplaçait cette institution par aucune autre disposition radicale.

L'Assemblée constituante a été, dans la réalité, plus révolutionnaire qu'aucune de celles qui lui ont succédé; les mots n'ont pas le pouvoir de changer les choses.

Cette conception radicalement absurde a été produite par les révolutionnaires les plus fanatiques : les premières conditions pour réussir dans une pareille entreprise auraient été :

1° De réduire en esclavage les dix-neuf vingtièmes de la population;

2° D'arracher de tous les cœurs les sublimes principes de morale générale, que la religion chrétienne y a inculqués;

3° De réduire les nations européennes à une dimension telle, qu'il eût été posible à chacune d'elles de se réunir journellement sur une place publique, pour y délibérer sur les intérêts communs.

Cette première expérience avait un tel degré de folie, qu'il n'aurait pas été plus ridicule d'entreprendre de vêtir l'âge viril avec les habillements de l'enfance. Cette tentative était dans une direction rétrograde, et par conséquent fausse.

La seconde expérience a été celle entreprise par Bonaparte, qui a tenté de faire revivre le siècle de Charlemagne. Cette seconde expérience a été moins absurde que la première, par la raison que la rétrogradation était moins forte.

Mais ce qui avait été, de la part de Charlemagne, une conception portant le cachet d'un génie du premier ordre, n'a été, chez son imitateur Bonaparte, qu'une ineptie philosophique, soutenue par un grand talent et par une volonté ferme.

L'entreprise de Bonaparte a commencé d'une manière brillante et séduisante pour la nation française, que ses succès militaires ont enivrée; elle a obtenu surtout l'approbation complète de la partie servile et avide de la nation, parce que les hommes qui ont consenti à devenir les instruments passifs du conquérant, se sont gorgés de butin; mais les institutions fondées par ce général, qui a été le plus capable de tous les révolutionnaires, et le législateur le plus plagiaire, n'ont véritablement eu qu'une valeur de désorganisation pour la France, ainsi que pour toute l'Europe; elles ne pouvaient point acquérir de solidité par deux raisons :

La première, que le système social conçu par Bonaparte avait pour base l'assujettissement matériel de l'Europe par la France; ce qui ne pouvait pas convenir à l'Europe, et ce qui ne pouvait par conséquent exister que passagèrement, puisque les Français sont en infériorité de force, à l'égard du surplus de la population européenne.

La seconde raison, relative à l'intérieur de la France, était le vice radical de l'institution qui plaçait en tête de la nation une nouvelle noblesse. Pendant la première génération, cette institution ne choquait que faiblement le sentiment d'égalité qui est devenu le sentiment dominant ; mais dès la seconde génération, ce sentiment se serait nécessairement révolté.

Ainsi le système d'organisation sociale conçu par Bonaparte, et qui était dans une direction rétrograde, ne pouvait acquérir de solidité, ni en Europe, ni en France.

La troisième expérience, dont on s'occupe en ce moment, a été l'importation sur le continent de la constitution anglaise.

Cette troisième tentative est incontestablement très-préférable aux deux premières, puisque le mouvement rétrograde qu'elle a pour objet d'effectuer est beaucoup moins fort; mais elle est encore vicieuse.

D'abord sous ce rapport, qu'elle a pour but de faire adopter par les peuples continentaux une conception d'organisation sociale, qui a été produite et mise en pratique il y a déjà plus d'un siècle, et avant que la masse d'intelligence continentale eût pris son essor en politique; or, il est évident que toutes les branches de nos connaissances, et particulièrement celles qui sont relatives à l'application des sciences morales et politiques, ont fait, depuis cette époque, d'immenses progrès, ce qui nous donne les moyens de produire une conception très-supérieure à celle dont les Anglais ont été les inventeurs il y a un siècle.

Cette tentative est encore vicieuse sous cet autre rapport, que la combinaison politique anglaise avait pour but et a eu pour résultat de faire dominer la royauté par l'aristocratie; or, cela est évidemment contraire à la marche de la civilisation. Chez les Grecs et chez les Romains, l'aristocratie par droit de naissance a été absolument dominante dans le corps social; c'est dans le moyen âge que la royauté légale a pris naissance. Cette institution a été populaire dès son origine, elle a toujours tendu à diminuer les pouvoirs virtuels de l'aristocratie par droit de naissance; sa destinée est évidemment d'anéantir cette espèce d'aristocratie, et par conséquent la Sainte Alliance est appelée à prononcer et à effectuer l'anéantissement de la constitution anglaise.

Enfin cette tentative est vicieuse sous ce troisième rapport, que la combinaison politique anglaise a été produite par un peuple insulaire et pour son propre usage. Or, des insulaires ne peuvent s'élever à la hauteur de conception où il faut se placer pour embrasser d'un seul coup d'œil les intérêts des peuples continentaux, et ceux de la population des îles attachées au continent.

En un mot, la constitution anglaise, importée sur le continent, ne peut pas donner les moyens d'atteindre le grand but qu'on s'est proposé, celui de réorganiser la société européenne.

Malgré ce que nous venons de dire, nous regardons l'importation des idées politiques anglaises sur le continent comme ayant été et comme étant encore utile aux peuples continentaux, sous ce rapport, qu'elles facilitent la transition du régime féodal au régime industriel.

Quand on observe l'état radical des choses politiques en Angleterre, on reconnaît que la constitution anglaise est intermédiaire entre le régime féodal et le régime industriel.

Ce sont les lords qui sont les grands propriétaires territoriaux ; leurs propriétés territoriales sont assurées dans leurs familles par des substitutions, et le grand pouvoir national se trouve dans leurs mains, par la raison qu'ils sont les grands propriétaires territoriaux, c'est-à-dire, les plus grands capitalistes. Voilà le rapport sous lequel la constitution anglaise est féodale.

Mais les lords sont tous d'importants commanditaires dans des entreprises industrielles. Ainsi, ils se trouvent personnellement intéressés à faire prospérer l'industrie. Outre cela, l'aristocratie anglaise entrerait directement en lutte avec la masse de la population, si elle ne faisait pas tous ses efforts pour favoriser les opérations industrielles. Voilà le rapport sous lequel le régime anglais est industriel.

Quand on examine ensuite quel serait le régime industriel pur (qui est celui vers lequel l'espèce humaine tend évidemment), on reconnait que dans ce régime ce seraient les gérants des entreprises industrielles qui seraient chargés de l'administration de la fortune publique ; car il se trouve inconstestablement plus de capacité industrielle dans la classe des gérants, que dans celle des commanditaires.

Passons à l'examen de la quatrième expérience ; elle diffère essentiellement des trois premières, puisque, au lieu d'avoir pour objet de faire rétrograder la civilisation, elle la pousse en avant de la manière la plus positive.

On voit que nous voulons parler de la Sainte-Alliance. Peu de mots nous suffiront pour prouver que l'union des grandes puissances pour se constituer pouvoir européen suprême a déjà procuré à l'Europe le plus grand de tous les biens sociaux ; il nous suffira pour prouver que cette institution est une suite naturelle des précédents de la civilisation, et qu'elle offre le meilleur de tous les moyens de transition du régime féodal au régime industriel.

C'est incontestablement à la Sainte-Alliance que nous sommes redevables de la paix générale qui existe en Europe, et il est également incontestable que la Sainte-Alliance est puissamment intéressée à maintenir cet état de paix le plus longtemps qu'il lui sera possible. Or, la paix est le plus grand de tous les biens sociaux, car c'est elle qui conduit le plus promptement et le plus sûrement possible à la découverte des meilleures combinaisons agricoles, manufacturières, commerciales et politiques.

L'existence de la Sainte-Alliance est donc utile aux Européens.

La royauté, depuis son origine, a constamment soutenu les intérêts du peuple contre le pouvoir arbitraire que le clergé a tenté d'établir au moyen de mysticité : ainsi, cette institution doit être aimée des peuples du continent européen. L'expérience a prouvé qu'ils lui étaient effectivement attachés, puisque la nation chez laquelle s'est trouvé le foyer de la révolution s'est empressée de la rétablir, d'abord, en faveur d'une nouvelle dynastie, et qu'elle est ensuite promptement rentrée sous le gouvernement de son ancienne famille royale. Les intérêts et les vœux les plus généraux de la société européenne appelaient les rois à s'unir, pour exercer la suprême direction des intérêts sociaux européens.

Pour que la transition du régime féodal au système industriel pût s'opérer d'une manière pacifique, il était nécessaire qu'il s'établît un pouvoir suprême. La Sainte-Alliance remplit parfaitement cette condition ; elle prime tous les pouvoirs spirituels et tous les pouvoirs temporels.

Au moyen de la Sainte-Alliance, la morale de l'Evangile est devenue prépondérante en Europe ; les différentes morales instituées par les différentes sectes religieuses, ne sont plus que des morales locales, qui sont soumises à la morale la plus philanthropique et la plus tolérante qui ait jamais existé, et par ce moyen les philosophes pourront travailler librement et franchement au perfectionnement de l'organisation sociale.

Enfin, grâce à la formation de la Sainte-Alliance, la société européenne peut se réorganiser très-sûrement, dès que son opinion publique sera clairement formée sur les institutions qui correspondent à l'état présent de sa civilisation.

Car la Sainte-Alliance, qui domine toutes les institutions existantes, et qui s'est réservé exclusivement le pouvoir d'en établir de nouvelles, sera toujours dominée par l'opinion publique, puisque cette opinion est la reine du monde, et qu'aucun mortel, quelque puissant qu'il soit, ne peut lui arracher le sceptre des mains.

CINQUIÈME OPINION

Sur la nécessité de faire une nouvelle Encyclopédie pour préparer la réorganisation sociale.

Nous avons dit dans notre première opinion :

« La philosophie est la science des généralités ; la principale occupation des philosophes consiste à concevoir le meilleur système d'organisation sociale, pour l'époque où ils se trouvent, à en déterminer l'admission par les gouvernés et par les gouvernants, à perfectionner le système autant qu'il en est susceptible, à le renverser ensuite, quand il est parvenu aux extrêmes limites de son perfectionnement, pour en construire un nouveau avec les matériaux rassemblés, dans toutes les directions particulières, par les hommes livrés à des travaux intellectuels spéciaux. »

Nous allons faire application de ce principe aux circonstances dans lesquelles se trouve la société européenne ; nous allons constater l'ordre de travaux dont les philosophes doivent s'occuper présentement.

Depuis le xve siècle, le système théologique et féodal n'étant plus susceptible de perfectionnement et ayant rendu à la société tous les services qu'elle pouvait en attendre, les philosophes ont travaillé à le renverser et à l'anéantir aussi complétement que l'avait été précédemment celui des Grecs et des Romains.

Les philosophes ont attaqué ce système d'abord sous le rapport théologique ; ils l'ont combattu ensuite sous le rapport féodal, et ils ont fini par le critiquer en même temps sous tous les rapports spirituels et temporels.

Pour le renverser complétement, pour l'anéantir entièrement, pour le faire disparaître du système des idées, ils se sont réunis en société ; et tous les membres de cette société ont travaillé à un ouvrage commun, à une encyclopédie, dans laquelle ils ont analysé toutes les idées, et démontré que l'influence exercée sur chacune d'elles par les principes théologiques et féodaux était nuisible à la société.

La publication de l'Encyclopédie doit être considérée comme étant la cause majeure qui a déterminé la révolution, crise terrible, mais salutaire dans ses résultats, puisqu'elle a procuré à la société les moyens de s'organiser d'une manière beaucoup plus avantageuse pour le bien public qu'elle ne l'était sous le régime théologique et féodal.

Les philosophes du XVIIIe siècle ont bien rempli leur tâche ; ils ont complétement atteint leur but, puisque l'opinion publique ne soutient plus aucune des anciennes institutions, la royauté seule exceptée, ce qui a été complétement prouvé par l'inutilité des efforts faits par Bonaparte pour rajeunir l'institution de la noblesse.

Maintenant, c'est aux philosophes du XIXe siècle à commencer la tâche qui est d'une matière très-différente de celle qui a été remplie par ceux du XVIIIe.

Les philosophes du XIXe siècle doivent se coaliser pour établir d'une manière générale et complète la démonstration que les principes industriels et scientifiques sont les seuls qui puissent servir de fondement à l'organisation sociale dans l'état présent des lumières et de la civilisation, ou plutôt pour prouver que, dans l'état présent des lumières et de la civilisation, la société peut s'organiser de manière à tendre directement vers l'amélioration de son bien-être moral et physique.

Les philosophes du XVIIIe siècle ont fait une

Encyclopédie pour renverser le système théologique et féodal. Les philosophes du XIXe doivent aussi faire une Encyclopédie pour constituer le système industriel et scientifique.

Toutes les idées doivent y être analysées de manière à prouver que le bien général résultera nécessairement de l'influence qu'exerceront sur elles les principes scientifiques et industriels, en remplacement de celle qu'avaient exercée jusqu'à présent sur la société les principes féodaux et théologiques.

Tous les travaux dont la réunion formera l'Encyclopédie européenne doivent être mis au concours.

L'empereur Alexandre à senti que la grande question de l'organisation sociale européenne avait besoin d'être examinée, après la secousse politique violente que l'Europe venait d'éprouver. Il s'expliqua très-franchement à ce sujet, il y a quelques années, dans la Diète de Pologne ; voici à peu près le langage que ses ministres y ont tenu :

« Certainement les progrès des lumières et « de la civilisation ont nécessité de grands « changements, mais les changements dont la « société a besoin doivent s'opérer d'une ma-

« nière pacifique ; les projets de changements « qui seront présentés ne doivent point être de « nature à provoquer de nouvelles insurrections ; « les novateurs ne doivent point appuyer leurs « raisonnements par des baïonnettes. Le gou- « vernement examinera les idées nouvelles sur « l'organisation sociale, qui lui seront présen- « tées dans les formes convenables ; mais il « punira sévèrement de nouvelles insurrec- « tions. »

Nous répondons à l'appel fait aux philosophes par l'empereur Alexandre, et nous lui faisons hommage de notre projet d'Encyclopédie, ainsi qu'aux autres puissances et à tous les rois de l'Europe.

DE

L'ORGANISATION SOCIALE

FRAGMENTS D'UN OUVRAGE INÉDIT

PAR

SAINT-SIMON

DE

L'ORGANISATION SOCIALE

FRAGMENTS D'UN OUVRAGE INÉDIT

PREMIER FRAGMENT

Comparaison du développement de l'intelligence individuelle et de l'intelligence générale.

Si on observe la manière dont se développent les individus de l'espèce humaine, au moral et au physique, depuis leur naissance jusqu'à leur virilité, on reconnaît que leur développement s'opère de deux manières différentes, et qui concourent cependant vers un but commun, celui du plus grand développement de leurs forces morales et physiques dont leur organisation soit susceptible.

Depuis la naissance des individus jusqu'à l'époque de leur virilité, il s'effectue en eux un perfectionnement du moral et du physique, qui est graduel et continu, mais qui est très-lent.

Ils éprouvent aussi plusieurs crises qui déterminent en eux des progrès généraux et très-rapides.

L'âge de sept ans est signalé chez eux par une crise de dentition, à la suite de laquelle leurs facultés sentimentales, et leur capacité en mémoire, prennent un accroissement subit.

Vers l'âge de quatorze ans, les passions tendent à s'affranchir de la dépendance à l'égard des parents, et des liaisons de son choix s'enflamment dans l'individu, en même temps qu'il acquiert la faculté de produire son semblable.

A vingt et un ans, l'homme, parvenu au développement complet de ses forces morales et physiques, acquiert le caractère qui est propre à son individu ; ses facultés se coordonnent et se dirigent vers le but qui attrait le plus spécialement son organisation particulière.

Si l'on observe ensuite les lois et les usages que la société a établis pour régler sa conduite à l'égard des enfants, depuis leur naissance jusqu'à leur vingt et unième année, on voit que les législateurs ont reconnu l'existence et les effets des trois crises dont nous venons de parler, et qu'ils ont proportionné les droits qu'ils ont accordés à la génération ascendante, d'après l'opinion qu'ils ont conçue du développement intellectuel qu'elle devait acquérir à sept, à quatorze et à vingt et un ans.

Et il est de fait qu'ils ont déclaré les enfants au-dessous de sept ans incapables de commettre des péchés, c'est-à-dire incapables de régler eux-mêmes leur conduite, et par conséquent de commettre des fautes dont ils fussent responsables, et qui fussent justiciables des lois divines ou humaines ; ils ont, en conséquence, construit la loi de manière que les dispositions relatives aux enfants avant leur septième année n'ont pour objet que d'établir une surveillance générale de la société sur la conduite de leurs protecteurs naturels, et de fixer les moyens de les remplacer quand ils viennent à leur manquer.

Les législateurs n'ont soumis qu'à des punitions correctionnelles les enfants jusqu'à l'âge de quatorze ans, quelque graves que fussent les fautes qu'ils vinssent à commettre, et ils les ont admis seulement à l'émancipation, dans le cas où ils auraient perdu leurs parents.

C'est à l'âge de vingt et un ans qu'ils ont fixé la majorité comme étant l'époque à laquelle les individus ont, en général, acquis un développement d'intelligence suffisant, et une capacité de prévoyance assez étendue pour que les intérêts généraux de la société n'exigent plus qu'ils restent soumis à une surveillance particulière.

Si, à la suite de cette classe d'observations, l'on examine les usages admis par l'Université, relativement à l'éducation et à l'instruction publique, on reconnaît qu'ils cadrent très-exactement avec les dispositions législatives dont nous venons de parler.

L'instruction publique des enfants ne commence pas avant l'âge de sept ans.

Depuis sept ans jusqu'à quatorze, l'éducation joue un rôle plus important que l'instruction, c'est-à-dire que les surveillants de la conduite des enfants, pendant ce laps de temps, exercent dans les pensions et dans les colléges une plus grande influence sur eux que les professeurs dont ils reçoivent l'instruction.

Depuis quatorze ans jusqu'à vingt et un ans, l'influence des professeurs sur les élèves est beaucoup plus grande que celle exercée sur eux par leurs surveillants.

Et à vingt et un ans, ceux qui continuent à suivre des cours au Collége de France ou dans d'autres établissements d'instruction publique se trouvent débarrassés de toute espèce de surveillance.

Enfin, si l'on observe le degré de développement intellectuel auquel se trouve aujourd'hui parvenue la nation française (qui s'est placée, par sa révolution, en tête de l'espèce humaine sous le rapport de la civilisation), on reconnait qu'elle a subi sa troisième crise, et que son âge social actuel correspond à celui de vingt et un ans pour les individus; on reconnaît aussi qu'elle a proclamé sa majorité dans la nuit du 4 août, en abolissant toutes les institutions dérivées de l'état d'esclavage, qui avait été la situation primitive de la classe industrielle, c'est-à-dire du corps de la nation.

Et après cela, si on veut produire une conclusion, on combinera ensemble les observations de différentes espèces que nous venons de présenter, on les méditera, et on en tirera nécessairement la conséquence suivante :

Le peuple français, étant parvenu à sa majorité comme nation, par l'effet des progrès de son intelligence, il doit en résulter un changement radical dans son organisation sociale.

Parvenu au point de vue le plus élevé qui puisse se rencontrer sur la route de la civilisation, en suivant le sentier que nous venons de tracer, le philosophe découvrira d'une part le passé le plus reculé, de l'autre l'avenir le plus éloigné; il apercevra dans le fond du tableau la formation de l'esclavage, institution philanthropique pour l'époque de son établissement, puisqu'elle a sauvé la vie à des milliards d'hommes; puisque nous lui devons l'immense population à laquelle est parvenue l'espèce humaine, puisqu'elle a été favorable aux progrès des lumières, en fournissant à la classe des maîtres le moyen de s'occuper du dévoloppement de leur intelligence; ce qu'ils n'auraient pu faire sans l'établissement de l'esclavage, puisque leur temps et leurs forces auraient été occupés par les travaux nécessaires pour satisfaire leurs premiers besoins. Il considérera ensuite, avec une vive satisfaction, en suivant de l'œil cette partie de la route jusqu'au point où il se trouvera placé, l'adoucissement de l'esclavage, le progrès des lumières, l'amélioration graduelle du sort de l'espèce humaine, et enfin, chez la nation française qui forme aujourd'hui son avant-garde, l'anéantissement complet de l'esclavage et l'aptitude à recevoir une organisation sociale, ayant directement le bien de la majorité pour objet.

De ce point de vue, le philosophe, à chaque coup d'œil alternatif qu'il donnera sur le passé et sur l'avenir, apercevra de plus en plus, des différences tranchées entre l'existence sociale de nos devanciers et celle de nos successeurs; il reconnaîtra que chez nos devanciers, le premier degré d'importance sociale était accordé à la naissance, à la faveur et à la capacité de gouverner, et en se retournant du côté de l'avenir, il apercevra l'importance sociale obtenue par la plus grande capacité en morale, en science ou en industrie.

En regardant les peuples en masse dans le passé, il les verra luttant entre eux à main armée; en les considérant dans l'avenir, il les verra rivalisant entre eux sous les trois grands rapports de la morale, de la science et de l'industrie.

Jusqu'à ce jour, les hommes ont marché dans la route de la civilisation à reculons, du côté de l'avenir; ils ont eu habituellement la vue fixée sur le passé et ils n'ont donné à l'avenir que des coups d'œil très-rares et très-superficiels. Aujourd'hui que l'esclavage est anéanti, c'est sur l'avenir que l'homme doit principalement fixer son attention.

L'action de gouverner a dû être, jusqu'à l'anéantissement de l'esclavage, l'action prépondérante; aujourd'hui, et de plus en plus, elle ne doit plus être qu'une action subalterne.

SECOND FRAGMENT.

Preuves que les prolétaires français sont capables de bien administrer des propriétés.

Il s'agit de prouver ici que la classe la plus nombreuse, en un mot, que le peuple se compose aujourd'hui d'hommes qui n'ont plus besoin d'être soumis à une surveillance particulière, d'hommes dont l'intelligence est suffisamment développée, et la capacité en prévoyance assez épanouie[1] pour qu'il puisse, sans inconvénient, s'établir un système d'organisation sociale qui les admette comme sociétaires.

Le peuple peut être considéré comme divisé

1. Voyez la note à la fin du fragment.

en deux classes : celle des ouvriers occupés des travaux agricoles et celle des hommes employés par les fabricants et par les négociants.

Examinons d'abord ce qui concerne les cultivateurs.

Lors de la vente des domaines nationaux, plusieurs milliers de prolétaires, profitant des facilités sans bornes qui furent offertes à ceux qui auraient assez de caractère pour se déclarer, à la face de toute l'aristocratie européenne, acquéreurs de ces biens, passèrent subitement dans la classe des propriétaires territoriaux. Or, la manière dont cette masse de prolétaires, devenus subitement propriétaires, a dirigé l'administration de ses propriétés, a prouvé et constaté un grand fait politique, c'est que la dernière classe de la nation se trouve aujourd'hui composée d'hommes dont l'intelligence est suffisamment dé[illegible]e, d'hommes qu[illegible]t acquis suffisamme[illegible]évoyance pour q[illegible]a loi puisse, sans inconvénient pour la tranquillité publique, faire cesser la tutelle exercée sur eux jusqu'à ce jour; et que, dès ce moment, la nation devant être considérée comme composée d'individus tous capables d'administrer des propriétés, la loi doit établir le système politique dans lequel la direction des intérêts communs sera confiée aux hommes les plus distingués dans les capacités de l'utilité la plus générale et la plus positive, l'action du gouvernement ne devant plus s'exercer, comme action directrice, qu'à l'égard des hommes dont la conduite tendrait à troubler l'ordre public.

Nous allons citer un fait dont nous avons été personnellement témoin, et qui prouve combien la capacité pour administrer les propriétés est aujourd'hui généralement possédée par les hommes que le hasard de la naissance a rangés dans la classe des prolétaires.

Une petite province, nommée le Cateau-Cambrésis, appartenait en totalité à l'archevêché de Cambrai et à d'autres établissements ecclésiastiques; les habitants de cette province étaient si complétement prolétaires, sous le rapport des immeubles, qu'il n'en existait pas un seul qui ne pût être exp[illegible]é du manoir qu'[illegible]ait.

Qu'arriva-t-il lorsque le territoire de cette province fût mis en vente?

Tous les habitants, d'un mutuel accord, s'associèrent; ils se rendirent adjudicataires du territoire de leurs communes; ils se le partagèrent ensuite, de manière que toute une masse de population, assez importante, passa subitement de la classe des prolétaires dans celle des propriétaires territoriaux.

Eh bien ! ce changement subit n'occasionna pas le moindre désordre dans la culture; les nouveaux propriétaires se montrèrent beaucoup plus capables que les anciens, car les terres produisirent, dès l'année suivante, de plus fortes récoltes qu'elles n'en avaient jamais produit.

Il résulte évidemment de ce qui s'est passé lors de la vente des domaines nationaux, et du fait local que nous venons de citer à l'appui du fait général, que la nation française peut être (vu l'état actuel du développement de son intelligence) gouvernée beaucoup mieux et à beaucoup meilleur marché qu'elle ne l'est actuellement; et qu'elle ne parviendra à une position sociale stable qu'à l'époque où l'action gouvernementale sera primée par celle des hommes possédant au plus haut degré les capacités de l'utilité la plus générale et la plus positive.

[illegible] maintenant à l'examen des preuves [illegible] ont été données par les ouvriers [illegible] les travaux entrepris par les fabricants et par les négociants.

Au commencement de la Révolution, une grande partie des entrepreneurs de travaux industriels en fabrication et en commerce ont été ruinés par les pillages qui ont eu lieu à la suite des insurrections; ceux de ces entrepreneurs qui ont évité les pillages ont été écrasés par la loi du *maximum,* et ceux qui ont été assez heureux pour se soustraire à ces deux calamités industrielles, ou pour y survivre pécuniairement, se sont vu enlever leur fortune par les réquisitions et par la brûlure des marchandises anglaises.

Que serait-il arrivé, après des malheurs aussi généraux, si un grand nombre des ouvriers qui avaient été employés par les manufacturiers et les négociants qui se trouvaient ruinés, et moralement écrasés par l'effet de leurs malheurs; si, disons-nous, un grand nombre de ces ouvriers n'eût possédé une capacité suffisante pour les remplacer?

Il serait arrivé que les fabriques et le commerce de France auraient perdu, pour longtemps, beaucoup de leur importance, et q[illegible]ce payerait aujourd'hui aux étran[illegible] industriel beaucoup plus fort que [illegible] supportait avant la Révolution; il serait arrivé, en un mot, que la production aurait diminué en France.

Il est arrivé, au contraire, que les productions de tous les genres se sont infiniment multipliées depuis, et même pendant les malheurs de la Révolution ; il est arrivé que, dans tous les ateliers de fabrique et de commerce, des hommes qui y étaient employés comme simples ouvriers sont devenus entrepreneurs et directeurs de ces travaux, et qu'ils se sont montrés plus intelligents et plus actifs que leurs prédécesseurs ; de manière que la France est aujourd'hui infiniment plus prospère, plus productive et plus importante en industrie agricole, manufacturière et commerciale qu'elle ne l'était avant la Révolution, quoique la plus grande partie des directeurs actuels de tous ces genres de travaux soient sortis de la classe du peuple.

Peut-il exister une preuve plus forte et plus complète que la classe du peuple, c'est-à-dire que l'immense majorité de la nation, soit parvenue à un développement d'intelligence suffisant pour que l'organisation sociale, ayant directement le bien public pour objet, puisse s'établir en France sans inconvénient pour la tranquillité publique, et, au contraire, avec de grands avantages pour toutes les classes de la société ?

NOTE DU SECOND FRAGMENT

L'éducation des hommes de toutes les classes se divise en deux parties, savoir : l'éducation proprement dite, et l'instruction.

Le perfectionnement de l'éducation proprement dite est plus important pour l'accroissement du bien-être social que celui de l'instruction.

C'est l'éducation proprement dite qui forme les habitudes, qui développe les sentiments, qui épanouit la capacité en prévoyance générale ; c'est elle qui apprend à chacun à faire application des principes et à s'en servir comme de guides certains pour diriger sa conduite. L'éducation peut être considérée comme étant l'enseignement continu des connaissances indispensablement nécessaires à l'entretien des relations établies entre les membres qui composent la société.

Supposons des enfants ayant reçu l'instruction la plus complète et ayant été entièrement privés d'éducation ; admettons pour un moment l'existence d'un établissement dans lequel les enfants suivent les cours des meilleurs professeurs dans tous les genres, et soient enfermés séparément pendant l'intervalle des classes pour leur éviter toute distraction. Ces enfants seraient par conséquent entièrement privés d'éducation : que leur arriverait-il quand leurs études seraient terminées ? que deviendraient-ils en entrant dans le monde ?

Ces enfants ignoreraient ce qu'il y a de plus utile à savoir pour bien vivre en société ; ils n'auraient aucune pratique de la vie de relation ; ils auraient un très-long apprentissage à faire pour se trouver en état de rempli[illegible] fonction sociale quelconque ; et si on abandonnait [illegible]ême une population ainsi élevée, elle se montrerait [illegible] supérieure, sous le rapport de la civilisation, à ce qu'ont été les premières sociétés de l'espèce humaine.

Nous ajouterons, à l'appui de ce que nous venons de dire, qu'à chaque génération une partie de connaissances acquises par les précédentes devient si vulgaire, que les pères ou les surveillants des enfants les possèdent nécessairement, ce qui les met en état de devenir à cet égard leurs professeurs. Or, l'enseignement, sans apprêt, de ces notions vulgaires, développe l'intelligence des enfants et les rend infiniment plus propres à saisir les connaissances plus abstraites qu'ils reçoivent de leurs professeurs véritables.

C'est surtout chez la classe des prolétaires, et pour cette classe, que l'éducation est infiniment plus importante que l'instruction.

Cette vérité pouvant devenir féconde en conséquences, nous allons la présenter avec quelques développements.

Supposons qu'il prenne fantaisie à un riche boyard de faire apprendre la lecture et l'écriture à tous les paysans qui lui appartiennent. Quelques Européens occidentaux, au moyen de la méthode d'enseignement mutuel, parviendront en peu d'années à satisfaire complètement ses désirs à cet égard, sans qu'il lui en coûte beaucoup d'argent.

Cette opération censé terminée, comparons ces paysans russes sachant lire et écrire, avec pareil nombre de prolétaires français ne sachant ni lire ni écrire, et voyons quels sont ceux dont les travaux seront les plus utiles à la société, ceux qui seront les plus susceptibles d'être admis par les lois au rang de sociétaires.

Ce seront incontestablement les Français, car ces Français, quoiqu'ils ne sachent ni lire ni écrire, auront acquis, par l'éducation qu'ils ont reçue de leurs parents, une capacité bien plus grande que celle que peut procurer la faculté de lire et d'écrire; ils sont en état de bien administrer une propriété; ceux qui sont attachés à la culture sont capables de diriger les travaux de ce genre; il en est de même pour ceux qui sont attachés à des travaux d'arts et métiers : tandis que les Russes, à qui on aura enseigné la lecture et l'écriture, n'auront reçu de leurs parents qu'une éducation semblable à celle que ceux-ci avaient reçue eux-mêmes, c'est-à-dire une éducation très-mauvaise; et si vous essayez de confier l'administration d'une propriété quelconque à ces Russes, sachant lire et écrire, vous verrez ces propriétés dépérir dans leurs mains. Les instruments de culture ou d'atelier, les grains de semence ou les matières premières seront vendus pour de l'eau-de-vie.

On n'a point encore suffisamment senti le haut degré de civilisation auquel la dernière classe de la nation française est parvenue; on n'a point encore apprécié à sa juste valeur le perfectionnement positif en intelligence qu'a subi la classe des prolétaires. Ils ont acquis une si grande prévoyance, ils se sont rendus tellement maîtres de leurs passions et de leurs désirs les plus naturels, qu'ils sont presque tous capables de supporter la faim à côté du blé de semence.

C'est surtout pour la supériorité en civilisation de la classe la plus nombreuse sur les classes les plus nombreuses des autres nations, que la nation française prime toutes les autres, et cette supériorité est incontestablement celle de toutes qui est la plus positive.

Qu'on compare les prolétaires français aux prolétaires anglais, on trouvera ces derniers animés de sentiments qui les poussent à profiter des premières circonstances qui peuvent se présenter pour commencer la guerre des pauvres contre les riches; tandis que les prolétaires français manifestent en général de l'attachement et de la bienveillance pour les industriels opulents.

En résumant ce que nous avons dit, tant dans cette note que dans le chapitre auquel elle est attachée, nous trouvons :

1° Que, pour la classe des prolétaires, l'éducation est infiniment plus essentielle que l'instruction;

2° Que l'éducation de la classe prolétaire en France est bonne; qu'elle est meilleure que celle reçue par la classe semblable chez les autres nations européennes;

3° Que c'est principalement de la supériorité des prolétaires français sur les prolétaires des autres nations, tant sous le rapport des bons sentiments que sous celui de la solidité des connaissances, que résulte la supériorité générale de la nation française sur les autres peuples.

Et nous concluons que, pour accroître la supériorité de la nation française, le meilleur moyen consiste à répandre dans la classe des prolétaires l'instruction convenable, ce qui est fort aisé au moyen de l'enseignement mutuel.

La dixième partie de ce que coûtent les places inutiles dans les états-majors de toutes les branches de l'administration suffirait pour apprendre en dix années à lire, à écrire et à compter à tous les prolétaires de France.

On pourrait en outre leur apprendre un peu de dessin, un peu de musique, et se servir des beaux-arts comme moyen de les passionner pour le bien public.

TROISIÈME FRAGMENT.

La classe des prolétaires étant aussi avancée en civilisation fondamentale que celle des propriétaires, la loi doit les classer comme sociétaires.

Le mécanisme de l'organisation sociale a été nécessairement très-compliqué tant que les individus composant la majorité se sont trouvés dans un état d'ignorance et d'imprévoyance tel qu'ils n'étaient point capables d'administrer leurs propres affaires. Dans cet état de développement incomplet de leur intelligence, ils étaient encore soumis à des passions brutales qui les poussaient vers les insurrections, et par conséquent vers toute espèce de désordre.

Il a fallu, dans cet état de choses qui a dû précéder une meilleure situation sociale, que la minorité s'organisât d'une manière militaire, qu'elle s'attribuât exclusivement le pouvoir de faire la loi, et qu'elle construisît la loi de manière à s'attribuer tous les pouvoirs, pour tenir la majorité en tutelle, et pour exercer sur la nation une forte compression. Ainsi jusqu'à présent les principales forces de la société ont été employées à se maintenir en société, et les travaux ayant pour objet l'amélioration du bien-être moral et physique des nations n'ont pu et n'ont dû être considérés que comme des travaux accessoires.

Aujourd'hui cet état de choses peut et doit changer complétement, et les travaux les plus importants doivent avoir pour but l'amélioration de notre bien-être moral et physique, puisque peu de forces suffisent pour maintenir la tranquilité publique, la majorité ayant pris le goût du travail (ce qui exclut toute tendance au désordre) et se trouvant aujourd'hui composée d'hommes qui ont prouvé récemment qu'ils étaient capables d'administrer des propriétés mobilières et immobilières.

La minorité n'ayant plus besoin de moyens de

force pour maintenir la classe prolétaire en subordination, les combinaisons auxquelles elle doit s'attacher sont : 1° celles au moyen desquelles les prolétaires seront le plus fortement attachés par leurs intérêts à la tranquillité publique ; 2° celles qui auront pour objet de rendre la transmission des propriétés immobilières la plus facile possible ; 3° celles dont le but sera d'accorder le premier degré de considération politique aux travailleurs.

Ces combinaisons sont très-simples et très-faciles à trouver, quand on prend la peine de juger les choses d'après ses propres lumières, et qu'on brise entièrement le joug imposé à notre esprit par les principes politiques admis chez nos pères, principes qui ont été bons et utiles dans leur temps, mais qui ne sont plus applicables aux circonstances actuelles.

La totalité de la population se trouvant aujourd'hui composée d'hommes qui (sauf quelques exceptions qu'on rencontre à peu près également dans toutes les classes) sont en état de bien administrer des propriétés mobilières ou immobilières, c'est directement qu'on peut et qu'on doit travailler à l'amélioration du bien-être moral et physique du corps social.

Or, le moyen le plus direct pour opérer l'amélioration morale et physique de la majorité de la population consiste à classer comme premières dépenses de l'État celles qui sont nécessaires pour procurer du travail à tous les hommes valides, afin d'assurer leur existence physique; celles qui ont pour objet de répandre le plus promptement possible dans la classe des prolétaires les connaissances positives acquises; et enfin celles qui peuvent garantir aux individus composant cette classe des plaisirs et des jouissances propres à développer leur intelligence.

Qu'on ajoute à cela les mesures nécessaires pour que la fortune publique soit administrée par les hommes les plus capables en administration et les plus intéressés à bien administrer, c'est-à-dire par les industriels les plus importants.

Et la société, au moyen de ces dispositions fondamentales, se trouvera organisée d'une manière qui satisfera complétement les hommes raisonnables de toutes les classes (1). Alors il n'y aura plus d'insurrection à craindre, et il n'y

1. Voyez la note à la fin du fragment.

aura par conséquent plus besoin d'entretenir des armées permanentes nombreuses pour s'y opposer; alors il ne sera plus nécessaire de dépenser des sommes énormes pour le département de la police; alors il n'y aura plus rien à craindre de l'extérieur, car trente millions d'hommes qui se trouvent heureux repousseraient l'attaque de toute l'espèce humaine qui se liguerait contre eux.

A cela nous pouvons ajouter que les princes ni les peuples ne pousseront jamais l'extravagance au point d'attaquer une nation composée de trente millions d'hommes qui ne se montreraient point offensifs à l'égard de leurs voisins, et qui seraient unis entre eux par une bonne combinaison de leurs intérêts.

A cela nous ajouterons encore qu'on n'a pas besoin d'espionner une société dont l'immense majorité est intéressée à maintenir l'ordre de choses établi.

Ceux qui ont déterminé la Révolution, ceux qui l'ont dirigée, et tous ceux qui, depuis 1789 jusqu'à ce jour, ont servi de guides à la nation, ont commis une faute politique énorme: ils ont tous cherché à perfectionner l'action gouvernementale, tandis qu'ils auraient dû la subalterniser et constituer comme action suprême l'action administrative.

Ils auraient dû commencer par se faire une question dont la solution est bien simple et bien facile à trouver.

Ils auraient dû se demander quels sont, dans l'état présent des mœurs et des lumières, les hommes les plus capables de bien diriger les intérêts nationaux?

Ils auraient nécessairement reconnu que les savants, que les artistes, et que les chefs des travaux industriels sont ceux qui possèdent les capacités les plus élevées, les plus étendues, et celles dont l'utilité est la plus positive, dans la direction actuelle des esprits. Ils auraient reconnu que les travaux des savants, des artistes et des industriels sont ceux qui, sous le rapport de l'invention et sous celui de l'exécution, contribuent le plus à la prospérité nationale.

Ils en auraient conclu que les savants, les artistes et les chefs des travaux industriels étaient ceux auxquels il fallait confier le pouvoir administratif, c'est-à-dire le soin de diriger les intérêts nationaux; et qu'il fallait réduire les fonctions du gouvernement à celle de maintenir la tranquillité publique (1).

Les novateurs de 89 auraient encore dû se dire :

Les rois d'Angleterre ont donné à la royauté le bon exemple de se soumettre à ne donner aucun ordre sans qu'il fût approuvé et signé par un ministre ; il est digne de la magnanimité des rois de France de se montrer encore plus généreux à l'égard de leurs peuples, et de se soumettre à n'arrêter aucun projet concernant les intérêts généraux de la nation sans l'approbation des hommes les plus capables de bien juger ces projets, c'est-à-dire sans l'approbation des savants et des artistes les plus capables, sans celle des industriels les plus importants.

On a souvent comparé la société à une pyramide. Nous admettons que la nation doit être disposée en forme pyramidale ; nous sommes profondément convaincus que la pyramide nationale doit être couronnée par la royauté ; mais nous disons qu'à partir de la base de la pyramide jusqu'à son sommet, les assises doivent être composées de matériaux de plus en plus

1. Voyez la note 2 à la fin du fragment.

précieux, et quand nous considérons la pyramide actuelle, il nous paraît que sa base est de granit, que jusqu'à une certaine élévation ses assises sont composées de matériaux très-précieux, mais que sa partie supérieure, qui supporte un magnifique diamant, n'est autre chose que du plâtre doré.

La base de la pyramide nationale actuelle ce sont les ouvriers occupés de travaux annuels ; les premières assises élevées sur cette base ce sont les chefs des travaux industriels, ce sont les savants qui perfectionnent les procédés de la fabrication et qui étendent son domaine ; ce sont les artistes qui impriment le cachet du bon goût à toutes les productions. Les assises supérieures, que nous disons n'être composées que de plâtre, qu'on distingue très-bien malgré la dorure qui le recouvre, ce sont les courtisans, ce sont en général tous les nobles tant anciens que nouveaux, ce sont les riches oisifs, enfin ce sont les gouvernants à partir du premier ministre jusqu'au dernier commis. La royauté, c'est le magnifique diamant qui couronne la pyramide.

NOTES DU TROISIÈME FRAGMENT

Note 1 (page 128)

Les hommes ne sont pas aussi mauvais qu'ils l'imaginent. Ils se jugent beaucoup plus sévèrement qu'ils ne le méritent. Il est vrai que, sous le rapport théorique, ils se montrent en général très-enclins au despotisme; mais, dans la pratique, ils donnent la préférence à l'égalité.

Un Anglais obtient un emploi dans l'Inde; il s'y rend avec empressement, et son imagination lui représente le despotisme qu'il y exercera comme devant lui procurer de grandes jouissances; là il peut, si cela lui plaît, se composer un harem; là, des centaines de domestiques l'entourent : les uns ont pour fonction de chasser les mouches qui pourraient l'incommoder, d'autres sont toujours prêts à le transporter en palanquin; toute la masse de la population rampe devant lui; il est libre de faire distribuer d'amples bastonnades à tout Indien qui n'a pas satisfait ses désirs avec assez d'empressement ou d'intelligence.

Eh bien, cet Anglais qui, dans l'Inde, nage à pleine eau dans les jouissances du despotisme, dès qu'il a fait fortune, s'empresse de revenir en Angleterre, pour y retrouver les jouissances que l'égalité procure. A l'instant de son arrivée dans un port de la Grande-Bretagne, il se sent rudement coudoyé par les hommes du peuple, et cela ne lui inspire point le désir de retourner dans le pays où tout le monde se rangeait pour lui faire place.

On voit des Russes très-riches quitter leur pays pour venir habiter l'Europe occidentale, tandis que les Européens occidentaux ne vont en Russie que pour y faire fortune, et qu'ils s'empressent de rapporter chez eux les richesses qu'ils y ont acquises.

Il y a de fortes raisons pour que les riches préfèrent l'habitation des pays où l'égalité est poussée le plus loin entre les membres qui composent la société, puisque ces pays sont en même temps ceux où ils peuvent satisfaire le plus facilement et le plus complétement tous leurs désirs.

Dans les villes de France de quelque importance, l'homme qui a de l'argent peut, à l'heure qu'il veut et sans avoir pris aucune précaution préalable, faire bonne chère à un prix très-modéré; en Russie il n'y a que chez les grands seigneurs que le luxe de la table existe.

La voiture d'un voyageur casse sur un point quelconque du sol britannique; il peut à son choix faire raccommoder son équipage ou se procurer sur-le-champ une voiture aussi bonne que la sienne: tandis qu'en Russie un voyageur qui casse sa voiture sur les routes qui font communiquer les villes les plus considérables, n'a d'autre ressource que de monter dans un chariot de paysan pour terminer son voyage.

Ainsi, dans la réalité, les hommes les plus riches et les plus puissants sont intéressés à l'accroissement de l'égalité, puisque les moyens de satisfaire leurs jouissances s'accroissent dans la même proportion que le nivellement des individus dont la société se compose.

On s'imagine que ceux qui profitent des abus y tiennent infiniment : on se trompe; la chose à laquelle ils tiennent très-fortement, c'est à ne pas se voir dépouiller d'avantages qui passent dans les mains d'autres personnes.

Ce sont en France des nobles qui ont provoqué la suppression des priviléges dont ils jouissaient, et ils n'ont regretté le sacrifice qu'ils en avaient fait que par la raison qu'ils ont vu d'abord tous les ci-devant roturiers se conduire comme des privilégiés à leur égard, et qu'ils ont vu ensuite se créer une nouvelle noblesse dans laquelle eux, anciens nobles, ne pouvaient être admis que comme subalternes.

En terminant cette note nous dirons ce qui aurait peut-être dû se trouver en tête, c'est qu'en améliorant le sort de la masse, on assure le bien-être des hommes de toutes les classes, et que pour améliorer le sort de la masse, il ne suffit pas de déplacer les priviléges, il faut les anéantir; il ne suffit pas de changer les abus de main, il faut les abolir.

Note 2 (page 131)

Nous allons faire sentir en peu de mots combien la superposition de l'action gouvernementale à celle de l'administration entraîne d'inconvénients aujourd'hui que la masse de la nation se compose d'hommes qui n'ont plus besoin d'être soumis à une surveillance particulière, puisqu'ils se sont montrés capables d'administrer des propriétés de tous les genres; aujourd'hui que la classe des prolétaires ne pourrait devenir dangereuse pour la tranquillité publique, que dans le cas où les administrateurs des intérêts nationaux seraient assez ineptes et assez égoïstes pour les laisser manquer d'ouvrage.

On se persuade très-facilement et on peut également persuader aux autres, qu'on possède la capacité de gouverner, parce que la capacité ou l'incapacité de gouverner ne pouvant être constatée que par l'expérience, chacun peut s'imaginer et faire croire qu'il gouvernerait bien, tant qu'il n'a pas gouverné.

Il n'en est pas de même pour les mathématiques, la physique, la chimie, la physiologie, la mécanique, la poésie, la peinture, la sculpture, la musique, l'architecture, la culture, la fabrication, le commerce et la banque.

Il est facile à tout homme de se rendre compte à lui-même s'il possède une grande capacité dans les sciences ou dans les beaux-arts; il lui est facile de s'assurer s'il a obtenu une grande importance dans une des branches de l'industrie; d'ailleurs les erreurs de ce genre seraient peu redoutables, puisque les voisins dessilleraient promptement les yeux de ceux que l'amour-propre aurait aveuglés.

De ce que nous venons de dire il résulte que l'ambition dans les savants, dans les artistes et dans les industriels, pour parvenir à devenir membres de la haute administration des intérêts nationaux, n'est point dangereuse pour la société, et qu'elle lui est même utile, puisqu'ils ne peuvent y parvenir qu'en se distinguant par des travaux recommandables; tandis que l'ambition ayant pour but d'obtenir des places dans le gouvernement, a de grands inconvénients pour la société, puisque les hommes les plus incapables peuvent se livrer à cette passion et travailler, pour la satisfaire, à renverser tout l'édifice social.

Un des grands effets de cette ambition, qui s'est emparée de presque tous les Français lorsque le gouvernement du malheureux Louis XVI a été renversé, est très-curieux à observer. C'est pour être moins gouvernée, et pour être gouvernée moins chèrement, que la nation est entrée en révolution, et elle a obtenu jusqu'à ce jour, pour résultat, d'être beaucoup plus gouvernée et plus chèrement gouvernée qu'elle ne l'était avant la Révolution.

Les industriels produisent beaucoup plus qu'avant la Révolution, mais une grande partie de l'accroissement en production est employée à solder des états-majors inutiles, et une nuée de commis qui emploient leur temps, en grande partie, à lire la gazette et à tailler des plumes, ce qui ne satisfait ni les besoins ni l'amour-propre des producteurs.

QUATRIÈME FRAGMENT.

Sur l'administration et sur le gouvernement des affaires publiques.

On pourra nous dire :

« Votre opinion la plus importante sur la po-
« litique, celle à laquelle vous rapportez toutes
« vos idées, étant que, pour établir en Europe
« un ordre de choses calme et stable, le meilleur
« moyen consiste à superposer le pouvoir ad-
« ministratif au pouvoir gouvernemental, votre

« premier soin doit être de tracer une ligne de « démarcation fortement prononcée entre la ca- « pacité administrative et la capacité gouverne- « mentale ; vous devez dire bien positivement « en quoi consistent l'une et l'autre. Au moyen « de cette explication, vous vous trouverez en « état de motiver clairement pourquoi la capacité « administrative doit être superposée à la ca- « pacité gouvernementale. »

La haute administration de la société embrasse l'invention, l'examen et l'exécution des projets utiles à la masse.

La haute capacité administrative comprend donc trois capacités ; celle des artistes, celle des savants et celle des industriels, dont le concours remplit toutes les conditions nécessaires pour la satisfaction des besoins moraux et physiques de la société.

Quand on commencera les travaux ayant directement pour but l'établissement du système de bien public ; dans cette grande entreprise, les artistes, les hommes à imagination ouvriront la marche ; ils proclameront l'avenir de l'espèce humaine ; ils ôteront au passé l'âge d'or pour en enrichir les générations futures ; ils passionneront la société pour l'accroissement de son bien-être, en lui présendant un riche tableau de prospérités nouvelles, en faisant sentir que tous les membres de la société participeront bientôt à des jouissances qui, jusqu'à ce jour, ont été l'apanage d'une classe très-peu nombreuse ; ils chanteront les bienfaits de la civilisation, et ils mettront en œuvre, pour atteindre leur but, tous les moyens des beaux-arts, l'éloquence, la poésie, la peinture, la musique, en un mot, ils développeront la partie poétique du nouveau système.

Les savants, les hommes dont la principale occupation consiste à observer et à raisonner, démontreront la possibilité d'une grande augmentation de bien-être pour toutes les classes de la société, pour la classe la plus laborieuse, celle des prolétaires comme pour celle des particuliers les plus riches. Ils mettront en évidence les moyens les plus certains, les plus prompts, pour assurer la continuité des travaux de la masse des producteurs ; ils poseront les fondements de l'instruction publique ; ils établiront les lois hygiéniques du corps social, et, entre leurs mains, la politique deviendra le complément de la science de l'homme.

Les industriels les plus importants, rapportant outes les idées à la production, jugeront ce qu'il y a d'immédiatement praticable dans les projets d'utilité publique conçus et élaborés de concert par les savants et les artistes; ils combineront les mesures d'exécution et en attribueront la direction aux banquiers, qui sont toujours en tête des mouvements financiers.

Voilà la marche administrative, ferme, franche et loyale que les savants, les artistes et les industriels suivront quand la direction des intérêts généraux leur sera confiée.

Comparons cette marche à celle que suit le gouvernement actuel; voyons à quelles misérables combinaisons la capacité gouvernementale a été réduite par le progrès des lumières et de la civilisation.

Enfermés dans le cercle des doctrines surannées du système féodal, les gouvernants doués en général des intentions les meilleures pour le bien public, font de vains efforts pour organiser un état de choses calme et stable.

Ne croyant pouvoir se maintenir qu'en entretenant de nombreux états-majors dans toutes les branches de l'administration, ainsi qu'un grand appareil de force gouvernementale, ils sont réduits, en définitve, à tirer de la nation le plus d'argent possible, soit par les impôts, soit par les emprunts, en évitant toutefois d'exciter des mécontentements sensibles. Ils s'épuisent donc en combinaisons subtiles pour l'établissement et la perception des impôts.

Ils sont réduits à consacrer à des frais de gestion, en grande partie inutiles à la société, la plus forte part d'argent de la nation, et une portion très-faible à des dépenses réellement utiles aux producteurs.

Ils sont réduits à conserver aux nobles et aux courtisans une grande importance politique, et s'ingénient pour leur procurer l'argent nécessaires à l'entretien d'un luxe jugé indispensable.

Examinons la conduite du ministre-président, qui cependant est celui qui a le mieux compris l'importance de l'industrie et l'état de la société ; examinons l'usage qu'il fait de la force gouvernementale.

Nous l'avons vu user de toute l'influence ministérielle qui était à sa disposition pour faire entrer à la Chambre des députés un grand nombre de nobles et de riches oisifs, et pour en éloigner avec le plus grand soin les industriels les plus marquants, les savants, les artistes les plus capables.

Il a rendu le parlement septennal, sans rien changer à la fixation de l'âge de quarante ans pour être admis à la Chambre, et par ce moyen il en a diminué considérablement l'énergie, l'a rendue dépendante du ministère et l'a soumise en même temps à l'influence de la haute noblesse.

Il a concentré la direction suprême des intérêts nationaux dans les mains de nobles, d'évêques, de militaires, de légistes, et d'*administrateurs*, tous fort honorables sans doute par leur caractère privé, ou par les services qu'eux ou leurs ancêtres ont pu rendre à la nation, mais qui n'ont cependant appris l'administration qu'aux dépens du public, qui a toujours payé leurs fautes, et jamais à leurs propres dépens, comme les industriels le font journellement.

Il maintient au ministère de l'intérieur, par respect pour la dignité ministérielle, un avocat distingué, mais fort ignorant pour tout ce qui concerne l'industrie, les sciences et les beaux-arts ; qui ne se doutant ni de leur importance, ni des égards qui leur sont dus, s'oublie jusqu'à faire, en quelque sorte, maltraiter par ses commis les hommes qui par leurs travaux font le plus d'honneur à la France.

Il croit aussi, ce même ministre-président, par déférence pour les anciennes doctrines, devoir accorder une grande influence sur l'instruction publique aux jésuites, dont le but définitif est d'inculquer à la jeunesse l'idée que les capacités médiocres doivent primer et diriger les capacités du premier ordre, et que les connaissances vagues doivent être superposées aux connaissances utiles et positives.

Enfin, voulant protéger l'industrie, M. de Villèle a établi un conseil suprême de commerce ; mais il l'a composé principalement d'hommes qui n'ont jamais appartenu comme praticiens à aucune branche d'industrie, et c'est apparemment par respect humain qu'il a bien voulu y admettre deux ou trois industriels retirés.

Voilà les tristes restes de la capacité gouvernementale ; entraînée par le torrent de la civilisation, elle essaie vainement, en se rattachant au passé, de continuer le rôle prépondérant qui lui fut attribué dans les précédents de la société.

Comparons maintenant les rapports fondamentaux qui existent entre les administrateurs et les administrés, avec ceux qui existent entre les gouvernants et les gouvernés.

Le principe fondamental d'une gestion administrative est que les intérêts des administrés doivent être dirigés de manière à faire prospérer le plus possible le capital de la société, et à obtenir l'approbation et l'appui de la majorité des sociétaires.

Pour se faire soutenir par la majorité, c'est-à-dire pour former une majorité qui approuve leur gestion, les administrateurs ne peuvent employer que la persuation et la démonstration du fait que leurs opérations sont les plus fructueuses possible pour la société.

Les administrateurs savent que l'économie dans les frais de gestion est toujours désirée par les sociétaires, en conséquence ils travaillent toujours à diminuer ces frais.

Par exemple, les frais de gestion de la banque sont très-petits ; son conseil des régents ne lui coûte rien ; les frais de gestion du trésor royal sont énormes.

Les rapports entre les gouvernants et les gouvernés sont d'une toute autre nature ; les nobles disent, et ils le peuvent de très-bonne foi, qu'ils sont nés pour gouverner, et que les plébéiens ont été destinés par la providence à obéir.

Le premier besoin de la société aux yeux des

nobles est que la noblesse brille de tout l'éclat que le luxe et le pouvoir peuvent lui procurer ; la royauté leur paraît devoir faire corps avec la noblesse. Ils reconnaissent bien au roi le droit de confier à qui lui plaît la direction des affaires publiques, mais dans leur âme et conscience, ils sont persuadés que c'est un devoir pour lui de n'accorder sa confiance qu'à des nobles.

L'art de gouverner consiste, à leurs yeux, dans le talent de conserver à l'action gouvernementale la prépondérance sur l'action administrative : il consiste à prolonger l'existence du régime théologique et féodal, quoique ses principales racines aient été coupées, quoique la critique et le progrès des lumières aient complétement ruiné ses principes fondamentaux.

En un mot, les gouvernants croient que le meilleur moyen pour maintenir la subordination des gouvernés consiste à multiplier les fonctionnaires publics et à donner aux plus importants une grande représentation, c'est-à-dire beaucoup d'argent ; la force physique et la ruse, l'armée soldée et la police, sont les principaux moyens qu'ils emploient pour appuyer leurs opérations ; la persuasion et la démonstration ne leur paraissent que des moyens secondaires, tandis que ce sont les seuls moyens employés par les administrateurs.

Quand il plaira au roi de confier la haute direction des affaires publiques à une administration industrielle, les frais de gestion se trouveront sur-le-champ énormément réduits, car les savants et les artistes, qui ont constaté par leurs travaux une capacité du premier ordre, n'ont pas besoin, pour se procurer de la considération, de faire des dépenses d'apparat et d'afficher une grande représentation. Quant aux industriels importants, ils tiendraient à grand honneur de ne recevoir aucun traitement pour les soins qu'ils donneraient à l'administration de la fortune publique.

Les quatre démonstrations suivantes nous paraissent les bases les plus solides que nous puissions donner à notre opinion, que dans les circonstances actuelles, l'action administrative peut, sans inconvénient majeur et avec de très-grands avantages, être superposée à l'action gouvernementale. Nous prouverons donc d'abord que la masse de la nation est suffisamment éclairée, civilisée, qu'elle possède une connaissance assez approfondie de ses véritables intérêts pour se maintenir en tranquillité sous la direction d'une bonne administration, et pour s'opposer à tous les efforts des ambitieux qui chercheraient à troubler l'ordre public.

Ensuite, que les artistes, les savants et les industriels ont acquis une capacité assez étendue pour se trouver en état de traiter toutes les questions relatives aux intérêts publics, et de diriger convenablement les intérêts généraux de la société.

Après cela, nous devons prouver que beaucoup de gens ont une assez grande habitude de voir diriger leurs intérêts par les pouvoirs administratifs, pour qu'ils ne soient point étonnés de voir introduire le mode administratif dans la direction des intérêts généraux de la société.

Enfin, nous devons prouver que la superposition de l'action administrative à l'action gouvernementale ne compromettrait point la France à l'égard de l'étranger, cette superposition lui assurant des alliés avec le secours desquels elle se trouverait plus forte que toute la féodalité européenne.

Nous allons traiter séparément chacune de ces questions.

1° Nous avons prouvé, dans un des chapitres précédents, que les prolétaires français avaient constaté par des faits authentiques qu'ils étaient suffisamment civilisés, et que leur capacité en prévoyance était assez développée pour qu'ils fussent en état d'administrer des propriétés mobilières et immobilières. Or, il est évident que des hommes capables de bien administrer des propriétés sont en état de se bien conduire sous la direction d'une bonne administration.

Un grand nombre d'artistes, de savants et d'industriels s'occupent aujourd'hui de questions d'un intérêt général; depuis le commencement de la Révolution, ils ont tous fait dans ce genre des études approfondies, et ces études les ont rendus capables d'organiser une bonne administration des affaires publiques.

La question de l'instruction publique a été discutée et éclaircie par beaucoup de littérateurs et par plusieurs savants.

Toutes les questions relatives à l'économie qu'on pourrait introduire dans les dépenses publiques ont été examinées par les industriels, dont le succès dans la conduite de leurs affaires particulières ont prouvé la haute capacité en administration des finances.

2° L'établissement de la Banque, des compagnies d'assurances, des caisses d'épargne, des compagnies pour la construction des canaux, et la formation d'une multitude d'autres associations qui ont pour objet l'administration d'affaires très-importantes, ont habitué les Français au mode administratif pour la gestion de grands intérêts ; d'où il résulte que ce mode peut être appliqué à la gestion des intérêts généraux sans que cette innovation dans la haute direction des affaires publiques occasionne ni étonnement ni secousse, sans qu'il dérange les habitudes nouvelles contractées déjà par la génération actuelle.

3° La Révolution, dont les grands effets moraux commencent à se développer, a fait entrer les Français en verve sous le rapport de la politique ; ainsi, on ne doit pas s'étonner qu'ils se montrent supérieurs aujourd'hui aux Anglais en conceptions organiques. Mais il est également vrai que les Anglais, qui les ont devancés dans cette carrière de l'esprit humain, et qui ont été, en quelque façon, les créateurs de cette branche de nos connaissances, ayant jusqu'à ce jour surpassé en capacité politique tous les autres peuples, ne tarderont point à imiter les Français, et à adopter le système dans lequel l'action administrative sera superposée à l'action gouvernementale; il en résultera, par la nature même du nouveau système, une alliance franche et indissoluble entre les deux peuples les plus industriels du globe; et l'on sait assez que l'union de la France et de l'Angleterre constitue la force sociale la plus considérable dans le monde civilisé.

CINQUIÈME FRAGMENT.

Suite du sujet traité dans le fragment précédent.

Tout le monde est d'accord sur ce point que de grands changements dans l'organisation sociale sont devenus indispensables, c'est-à-dire tout le monde pense que c'est seulement au moyen de changements radicaux dans la manière dont les intérêts généraux seront dirigés qu'on parviendra à donner de la fixité aux principes politiques, qu'on viendra à bout de terminer entièrement la Révolution, et qu'on replacera enfin la société dans une situation calme et stable.

Il s'agit maintenant de déterminer avec précision quels sont les changements réclamés par l'état présent des lumières et de la civilisation : c'est cette question que nous avons entrepris de traiter.

Pour la mieux éclaircir, nous l'avons divisée en trois parties ; nous l'avons considérée comme composée de trois questions distinctes, que nous avons cru devoir examiner séparément.

Voici l'énoncé de ces trois questions :

Quelle est la nature des changements que réclame le progrès des lumières ?

Quelle est la marche à suivre pour opérer ces changements ?

Comment les nouvelles institutions doivent-elles être combinées avec celles des anciennes qui seront conservées, pour former une organisation sociale qui puisse être mise immédiatement en activité ?

Nous avons traité, dans le chapitre précédent, la première de ces questions, et nous croyons avoir suffisamment démontré que, pour satisfaire les besoins actuels de la société, pour établir une organisation sociale proportionnée à l'état présent des lumières, il fallait superposer l'action administrative à l'action gouvernementale.

Nous consacrons le présent chapitre à l'examen de la seconde question.

Il s'agit de déterminer les moyens qui doivent être employés pour superposer l'action administrative à l'action gouvernementale.

Ce changement doit-il s'opérer brusquement et par des mesures directes, ou doit-il s'effectuer lentement et par des mesures successives?

Notre opinion est que c'est *brusquement*, et par des mesures directes, que le changement doit s'opérer.

Nous fondons cette opinion d'abord sur le grand fait suivant, sur un fait qui est unique dans ce genre.

Examinons comment s'est opéré le seul changement de système social dont l'histoire nous ait conservé un souvenir exact et détaillé. Rappelons-nous si c'est d'une manière lente et par des opérations successives que les hommes ont passé du polythéisme au théisme, du régime des Grecs et des Romains à l'organisation sociale adoptée par les Européens du moyen âge.

Nous reconnaîtrons que les premiers chrétiens ont substitué directement la croyance en un seul dieu à la croyance en une multitude de divinités, et qu'ils n'ont point entrepris de réduire les milliers de divinités admises à des centaines, puis à des dizaines, pour arriver à l'idée d'un dieu unique. Ainsi, nous sommes fondés à dire que les hommes ont passé brusquement du polythéisme au théisme.

C'est brusquement aussi que les pouvoirs des Chieftains, Goths, Visigoths, Ostrogoths, Danois, Anglais, Francs, Saxons, Germains, etc., ont remplacé ceux des consuls et des proconsuls.

Enfin, c'est brusquement que l'esclavage a changé de nature, et que les esclaves ont cessé de dépendre directement de leurs maîtres pour être attachés à la glèbe.

Nous appuierons encore notre opinion sur un autre fait, qui diffère essentiellement de celui que nous venons de citer.

La conséquence qui se déduit naturellement du premier, c'est que les changements de système s'opèrent brusquement ; et la conséquence que nous tirerons de celui dont nous allons parler sera que des demi-mesures, quelque énergiques qu'elles soient, ne peuvent point effectuer un changement de système.

Peut-on concevoir rien de plus énergique, de plus tranchant, de plus acerbe que les mesures prises au commencement de la révolution contre les prêtres et contre les nobles; ils ont été dépouillés, massacrés ou chassés presqu'en totalité; on s'est emparé en même temps de leurs propriétés mobilières et immobilières, ainsi que des pouvoirs politiques qu'ils avaient exercés jusqu'à cette époque, et les roturiers se sont trouvés par conséquent exclusivement chargés de la direction des intérêts publics.

Qu'est-il résulté de toutes ces atrocités?

Rien de radicalement important : le système féodal n'a pas été anéanti; il n'a pas tardé à renaître de ses cendres; il s'est reproduit au bout de peu d'années avec de légères modifications. C'est au moyen du rétablissement de ce système que l'anarchie a été anéantie, et, chose très-essentielle à remarquer, ce sont les roturiers eux-mêmes qui ont reconstruit le système féodal; ce sont eux qui ont créé une nouvelle noblesse; ce sont eux qui ont établi les majorats, c'est-à-dire les substitutions; de manière que les étrangers ont trouvé la France toute *réféodalisée,* quand ils ont été en mesure d'y faire la loi.

Nous allons donner une explication très-simple de ce fait, qui paraît de prime abord inexplicable, de ce fait qui, jusqu'à ce jour, n'a point été convenablement analysé.

La mesure du massacre, de l'expulsion et du dépouillement des nobles n'était, malgré toute son atrocité, qu'une demi-mesure, elle a changé le pouvoir de mains sans avoir changé la nature des pouvoirs.

La société est toujours restée soumise à l'action gouvernementale; l'action gouvernementale n'a pas cessé, pendant toute la Révolution, de primer l'action administrative.

Or, il est de la nature de l'action gouvernementale de maintenir ou de constituer des droits politiques héréditaires, de même que c'est un effet inhérent à l'action administrative de constituer la plus grande égalité possible à l'égard des droits de naissance, et de fonder les droits politiques sur les supériorités en capacités positives.

Nous concluons de ce que nous venons de dire à l'appui de notre opinion :

1° Que c'est brusquement, et par un changement radical des principes, que s'est opéré le seul changement de système social dont l'histoire nous ait conservé un souvenir exact et détaillé;

2° Que la Révolution, malgré toute sa violence, n'a point déterminé le changement que réclame le progrès des lumières, parce qu'elle n'a point changé les principes sur lesquels se fonde le système féodal.

A l'occasion de ce que nous venons de dire, il nous a été fait une observation que nous allons reproduire, pensant qu'elle pourrait se présenter à l'esprit de quelques-uns de nos lecteurs.

« En admettant qu'un changement radical « dans le système ne puisse s'opérer que d'une « manière brusque, il ne s'ensuit pas que ce « changement doive être annoncé brusquement « et sans précaution. »

A cette observation nous répondons :

Dans l'état présent des lumières, le seul moyen qui puisse être employé avec succès pour déterminer un changement radical dans l'organisation sociale consiste à produire une nouvelle doctrine politique supérieure à celle que les gouvernements actuels professent.

Or, la production d'une nouvelle doctrine est une action qui, par sa nature, est brusque et tranchante, puisque cette production tend à changer subitement les habitudes intellectuelles contractées par l'esprit public.

C'est donc brusquement que le changement dans l'organisation doit être annoncé, de même que c'est brusquement qu'il doit s'effectuer.

Au surplus, chacun peut se rendre facilement compte de ce qui doit se faire aujourd'hui en politique, puisque ce qui doit se faire aujourd'hui est la conséquence de ce qui s'est fait antérieurement, et particulièrement la continuation de la marche suivie par la civilisation depuis le xve siècle.

Pour se rendre un pareil compte, d'une manière claire et fructueuse, on doit diviser cet examen en cinq parties et se demander successivement :

1° Quel était l'état politique des choses avant le xve siècle ?

2° Quel effet politique a produit la crise éprouvée par la société au xve siècle ?

3° Quels sont les changements politiques qui se sont opérés depuis le xve siècle ?

4° Quel est l'état actuel des choses sous le rapport politique ?

5° Quelles sont les mesures à employer pour rétablir un ordre de choses calme et stable ?

Nous allons faciliter au lecteur les moyens de faire lui-même cet examen en lui présentant un aperçu de nos vues sur chacun de ces points.

1° Avant le XVe siècle, le pouvoir spirituel se trouvait exclusivement placé dans les mains du clergé, et cette disposition satisfaisait les besoins de la société, puisque les idées théologiques étaient alors dominantes et que, d'ailleurs, le clergé était infiniment plus instruit que les laïques dans le petit nombre de connaissances profanes que possédaient les Européens du moyen âge.

Avant le XVe siècle, les pouvoirs temporels étaient concentrés dans les mains des nobles, et cette disposition organique était utile, puisque les nobles étaient à cette époque les industriels les plus capables. C'étaient eux qui dirigeaient les travaux de culture, et ces travaux étaient alors les seules occupations industrielles qui eussent une grande importance.

Ainsi, avant le XVe siècle, l'organisation sociale qui existait était bonne, puisque les pouvoirs spirituels et temporels se trouvaient placés dans les mains des hommes les plus capables dans les sciences et dans l'industrie.

2° Par la crise que l'esprit humain a éprouvée au XVe siècle, il a pris un grand essor dans la direction des sciences profanes et dans celle des travaux industriels.

Ce sont les laïques qui ont été les novateurs dans les sciences ; ce sont les roturiers qui l'ont été dans l'industrie.

3° Dans le XVe siècle, la théologie a successivement perdu de son importance, parce que les laïques ont fait faire de grands progrès aux sciences profanes, et qu'ils ont trouvé les moyens d'en faire des applications utiles à la société, dont ils ont perfectionné la morale, en rendant les hommes plus laborieux.

Les roturiers ont activé le commerce et la fabrication ; ils sont devenus les entrepreneurs et, par conséquent, les directeurs des travaux de culture ; ils ont changé complétement leur position sociale, puisque, d'une position extrêmement subalterne, ils se sont élevés au rang de chefs du peuple, qu'ils sont parvenus à commander dans tous ses travaux journaliers.

4° L'état actuel des choses, en politique, présente le spectacle du monde renversé : ceux qui dirigent les affaires publiques auraient grand besoin d'être dirigés ; les hautes capacités se trouvent dans la classe des gouvernés ; les gouvernants sont, par l'effet de leur composition, des hommes très-médiocres.

C'est dans la classe des laïques que se trouvent les hommes dont les combinaisons perfectionnent le plus la morale, et contribuent davantage à l'accroissement du bien-être de l'espèce humaine; et cependant c'est au clergé que le pouvoir spirituel est confié, et ce sont les ecclésiastiques qui dirigent l'éducation publique.

C'est dans la classe des roturiers que se trouvent les directeurs des travaux qui procurent à la société la satisfaction de tous les besoins physiques, et ce sont les nobles auxquels la première existence temporelle est accordée.

5° Le moyen de rétablir un ordre de choses calme et stable consiste évidemment à confier la direction des travaux intellectuels aux hommes les plus capables dans les beaux-arts et dans les sciences positives, en les chargeant en même temps de diriger l'éducation publique.

Il consiste à placer le pouvoir temporel dans les mains des industriels les plus importants, et à dépouiller les nobles et les riches oisifs de toute leur importance politique.

Voilà le résultat auquel se trouveront nécessairement conduites toutes les personnes qui récapituleront convenablement la marche de la civilisation depuis le moyen âge jusqu'à ce jour.

Il nous reste à calmer les inquiétudes qu'une classe de personnes très-nombreuses et fort estimables, quoique peu énergiques, éprouvent toujours quand il s'agit de mettre à exécution une mesure générale.

Nous leur dirons d'abord : le moment des demi-mesures est évidemment passé ; il faut marcher directement au bien public ; c'est la vérité tout entière et toute nue qui doit être présentée dans les circonstances actuelles ; le moment de la crise est arrivé.

Cette crise est celle qui a été prédite par plusieurs des saintes écritures qui composent l'Ancien-Testament.

Cette crise est celle que, depuis longtemps et plusieurs années, les sociétés bibliques préparent avec une grande activité.

Cette crise est celle dont l'existence présente est démontrée par l'institution de la Sainte-Alliance, dont l'union est fondée sur les principes les plus généraux en morale et en religion.

Cette crise est celle que les Juifs attendent depuis que, chassés de leur pays, ils ont été errants et persécutés, sans jamais renoncer à l'espoir de voir arriver l'époque où tous les hommes se traiteraient en frères.

Cette crise, enfin, tend directement à établir une religion vraiment universelle, et à faire adopter par tous les peuples une organisation sociale essentiellement pacifique.

Nous dirons ensuite aux personnes qui poussent la prudence jusqu'à la timidité :

Il ne peut résulter aucun trouble d'un mouvement dirigé par les savants les plus distingués et par les industriels, qui sont de toute la société les membres les plus intéressés au maintien de l'ordre ; ils sont ceux qui ont le plus d'aversion pour tout acte de violence.

Les savants et les industriels seront certainement obligés de développer une grande force pour opérer le changement de système ; mais ce sera la force morale qu'ils emploieront, la force de l'opinion publique.

Nous dirons à ces hommes pusillanimes : Il ne peut point exister de lutte physique entre deux partis d'une force extrêmement disproportionnée. La lutte, entre eux, ne peut être que morale. Le parti le plus faible n'a d'autres ressources que d'invoquer les principes de justice ou de bien public : or, tous les principes de ce genre serviront d'appui aux novateurs.

Ce mouvement tout moral, tout pacifique, sera, en définitive, fortement secondé par la royauté même, qui tend de jour en jour à se débarrasser de ses alentours pour s'unir plus étroitement à la nation.

SIXIÈME FRAGMENT.

Dispositions fondamentales qui doivent compléter l'organisation sociale, dans l'état de la civilisation.

Les systèmes, les théories, les combinaisons ne sont susceptibles d'être perfectionnés que jusqu'à un certain point, passé lequel les principes qui leur servent de base ne peuvent plus se ployer suffisamment pour recevoir les modifications qu'on voudrait leur faire subir ; il n'existe alors qu'un seul parti à prendre, celui de produire un nouveau système, une nouvelle théorie ou une nouvelle combinaison pour satisfaire les besoins qu'on éprouve.

Il est impossible de faire subir au système

d'organisation sociale qui s'est établi dans le moyen âge les modifications qui seraient nécessaires pour le rendre propre à la société actuelle. Il n'existe qu'un seul moyen pour établir en Europe un ordre de choses calme et stable : Ce moyen consiste à produire une nouvelle combinaison d'organisation sociale.

Dans le moyen âge, la capacité de gouverner c'est-à-dire la science de maintenir les nations en subordination, a été et a dû être classée comme la première capacité. L'état d'ignorance de la très-grande majorité des peuples, à cette époque, exigeait que la société fût ainsi constituée.

Dans l'état présent des lumières, les capacités scientifiques et industrielles sont devenues les plus utiles à la société ; l'action de gouverner ne doit donc plus être considérée et employée que comme une action subalterne, et elle doit principalement s'exercer contre les désœuvrés, qui seront toujours enclins à troubler l'ordre public.

Dans le moyen âge, la classe militaire à dû être la classe la plus puissante et la plus considérable, la classe directrice ; les nations ont dû être soumises à des gouvernements militaires. Mais aujourd'hui que les nations sentent le besoin et éprouvent le désir d'être organisées de la manière la plus favorable à la production, la classe des hommes qui sont exclusivement consacrés à la profession militaire doit être peu nombreuse et elle ne doit plus être envisagée que comme une classe subalterne.

C'est d'après ces données que nous avons combiné le système d'organisation sociale dont nous allons présenter les dispositions fondamentales.

Nous prouverons plus tard que ce système est dans la même proportion de perfectionnement à l'égard de celui qui s'était établi dans le moyen âge, que le système constitué à cette époque l'avait été à l'égard de l'organisation sociale des Grecs et des Romains.

DU POUVOIR SPIRITUEL OU SCIENTIFIQUE.

« Les savants doivent se diviser en deux
« classes et former deux académies séparées.
« Une de ces académies doit s'occuper princi-
« palement de la formation d'un bon code des
« intérêts, et l'autre doit travailler au perfec-
« tionnement du code des sentiments.

« Louis XIV a fondé une de ces académies,
« celle des sciences physiques et mathématiques :

« cette académie a déjà beaucoup contribué au « perfectionnement des observations et des rai- « sonnements.

« L'addition d'une classe de savants en éco- « nomie politique suffirait pour la mettre en « mesure d'établir un bon-code des intérêts.

« L'autre académie, celle des beaux-arts, s'oc- « cupera du perfectionnement de nos facultés « d'imagination et de sentiment.

« L'addition d'une classe de moralistes et de « théologiens à celle des littérateurs, des poëtes, « des peintres, des sculpteurs et des musiciens « mettrait cette académie en mesure d'établir un « bon code des sentiments.

« Il doit être établi dans l'une et l'autre de « ces académies une classe de légistes, car la « société à besoin que les sentiments de ses « membres, ainsi que leurs intérêts, soient « soumis à des règles fixes, pour déterminer les « relations qui doivent exister entre eux sous « ces deux rapports.

« L'Académie des Sciences et celle des Beaux- « Arts réunies en une seule assemblée, nom- « meront les membres destinés à composer une « académie phylosophique qui portera le titre « d'Académie suprême.

« Cette académie suprême sera chargée d'établir d'abord et de perfectionner ensuite la doctrine générale qui servira de base à l'instruction publique.

« Les philosophes qui composeront cette académie s'adjoindront les légistes de la plus haute capacité et ils leur confieront le soin d'imprimer à la doctrine générale qu'ils produiront le caractère réglementaire.

DU POUVOIR TEMPOREL.

« La direction du pouvoir temporel doit être confiée aux cultivateurs, aux fabricants, aux négociants et aux banquiers les plus importants. Ils formeront un conseil, qui portera le titre de Conseil des industriels.

« Ce conseil aura le droit de s'adjoindre les employés qui se seront le plus distingués dans les différents départements dont le gouvernement se compose.

« Ce conseil s'occupera de l'examen de tous les projets d'utilité publique qui lui seront présentés par le pouvoir spirituel ; il fera choix de ceux de ces projets qu'il jugera convenable d'adopter. »

MISE EN ACTION DE LA NOUVELLE ORGANISATION SOCIALE.

« La royauté héréditaire, dans l'ordre de pri-
« mogéniture, est l'institution sur laquelle se
« fonde la nouvelle organisation.

« L'académie suprême forme le Conseil ini-
« tiatif de Sa Majesté.

« Les projets arrêtés dans le Conseil initiatif
« sont envoyés à l'examen de l'Académie des
« Beaux-Arts et de l'Académie des Sciences.

« Ces projets, après avoir été examinés par
« ces deux académies, seront présentés, avec les
« observations faites par elles, au Conseil des
« industriels.

« Le Conseil des industriels fait tous les ans
« les projets de budjet, et vérifie si les ministres
« ont employé convenablement les sommes qui
« ont été accordées à leur département par le
« budjet précédent.

« Le projet du budjet ainsi élaboré est remis
« au Conseil des ministres, qui, d'après les
« ordres du Roi, le présente aux Chambres.

Ce projet se réduit, comme on le voit, à une simple intercalation entre le pouvoir du Roi et celui des Chambres.

Nous avons assisté à l'entrée de S. M. Charles X. Les parisiens ont accueilli avec une véritable affection le Roi et la famille royale, et ils se sont montrés très-indifférents pour tous les grands personnages, tant de l'ancienne que de la nouvelle noblesse, qui composaient l'escorte.

Nous nous sommes demandé ce qui serait arrivé si le Roi, entrant dans la capitale, s'était entouré :

Des premiers mathématiciens, physiciens, chimistes, physiologistes et mécaniciens de son royaume ;

Des poëtes, des peintres, des sculpteurs, des musiciens, des ingénieurs et des architectes les plus distingués ;

Des cultivateurs, des fabricants, des négociants et des banquiers les plus importants.

Nous resterons convaincus que l'enthousiasme pour le Roi, ainsi escorté, aurait été porté à son comble et aurait infiniment dépassé ce qui a existé dans ce genre à aucune époque de la société.

La vue des hommes qui illustrent et enrichissent la nation, ayant le Roi à leur tête, est celle qui peut plaire le plus au peuple.

Ce n'est plus par des victoires que la nation française veut s'illustrer, ce n'est plus par les conquêtes qu'elle veut s'enrichir, c'est à la supériorité dans les sciences et dans les beaux-arts que les français aspirent; c'est par des travaux pacifiques et industriels qu'ils veulent s'enrichir.

Le temps des illusions est décidément passé; c'est très-froidement que les peuples calculent aujourd'hui leurs propres intérêts; la pompe du pouvoir n'a plus pour eux qu'un très-faible attrait: ils se réjouiraient bien plus de voir les rois entourés de ceux qui les enrichissent que de ceux qui leur coûtent, et qui exercent sur eux des pouvoirs dont l'action est plus nuisible qu'utile à la prospérité publique.

CONCLUSION

DES OPINIONS ET DES FRAGMENTS PRÉCÉDENTS

Plus une opération est importante et compliquée, et plus elle exige de travaux préliminaires et préparatoires. L'organisation d'une société politique, remplissant la condition de procurer à tous les individus qui la composent la plus grande somme de bonheur possible, était, de toutes les opérations que les hommes pouvaient entreprendre, la plus importante, et celle de l'exécution la plus difficile; on ne doit donc pas s'étonner que, malgré l'immensité des travaux de nos devanciers nous ne soyons encore parvenus qu'au point de départ, pour procéder directement à l'établissement des institutions dont l'objet sera l'accroissement du bien-être de la classe la plus nombreuse.

Deux conditions étaient indispensablement nécessaires pour que l'organisation sociale pût être conçue de manière à faire concourir les principales institutions à l'accroissement du bien-être des prolétaires.

D'une part, il fallait que les individus, composant la dernière classe de la société, fussent parvenus à un degré de civilisation tel qu'il permît de les admettre comme sociétaires, et pour cela il était indispensable qu'ils se trouvassent capables d'administrer des propriétés.

Il fallait en outre qu'une révolution dans les propriétés appelât un grand nombre de prolétaires à en posséder, afin qu'en les administrant d'une manière habile, ils prouvassent par l'expérience qu'ils avaient la capacité requise pour être classés par la nouvelle organisation sociale, au rang des sociétaires.

Cette expérience a été faite pendant la Révolution, et elle a pleinement réussi, comme nous l'avons prouvé dans les deuxième et troisième fragments.

L'autre condition à remplir était qu'il s'établît un système dominateur des plus hautes théories, c'est-à-dire que tous les systèmes auxquels se rapportent les différentes parties de nos connaissances concourussent à la formation du système du bien public, devenu système dominateur.

De manière que le système scientifique, le système religieux, le système de législation, le système des beaux-arts, concourussent sous la direction du système général du bien public, à l'établissement de l'organisation la plus avantageuse au plus grand nombre, à l'établissement de l'organisation la plus favorable au développement de toutes les capacités utiles.)

A cet égard, l'expérience était à faire, et c'est le désir de la tenter qui a déterminé nos travaux.

DE

LA PHYSIOLOGIE

APPLIQUÉE A L'AMÉLIORATION

DES

INSTITUTIONS SOCIALES

DE

LA PHYSIOLOGIE

APPLIQUÉE A L'AMÉLIORATION

DES

INSTITUTIONS SOCIALES

INTRODUCTION

Le domaine de la physiologie, envisagée d'une manière générale, se compose de tous les faits qui se passent chez les êtres organisés.

La physiologie examine l'influence des agents extérieurs sur l'organisation ; elle apprécie les modifications que ces agents déterminent dans l'exercice de nos fonctions ; elle nous fait connaître ceux dont l'action par l'économie est contraire à notre santé, à notre bien-être, à la satisfaction de nos besoins ou de nos désirs, et ceux qui ont pour effet nécessaire d'augmenter l'étendue de nos moyens d'existence, de multiplier les forces de réaction propres à résister aux forces délétères qui nous environnent, enfin, de satisfaire le plus complétement possible nos premiers besoins et de nous procurer une plus grande somme de plaisirs et de jouissances.

La physiologie n'est pas seulement cette science qui, pénétrant dans l'intérieur de nos tissus à l'aide de l'anatomie et de la chimie, cherche à en découvrir la trame intime, pour en mieux connaître les fonctions ; elle n'est pas seulement c tte science spéciale qui, s'adressant un à un à nos organes, expérimente sur chacun d'eux, en exalte artificiellement ou en abolit momentanément les fonctions, pour mieux déterminer leur sphère d'activité et la part qu'ils ont à la production de la vie, considérée dans son ensemble.

Elle ne consiste pas seulement dans cette connaissance comparative qui extrait de l'examen détaillé des plantes et des animaux des notions précieuses sur les fonctions des parties que nous possédons en commun avec ces différentes classes d'êtres organisés.

Enfin, elle ne se borne pas à puiser dans l'étude approfondie des maladies et des monstruosités, les connaissances les plus positives que nos moyens d'investigation puissent nous révéler par les lois de notre existence individuelle.

Riches de tous les faits qui ont été découverts par des travaux précieux entrepris dans ces différentes directions, la physiologie générale se livre à des considérations d'un ordre plus élevé ; elle plane au-dessus des individus qui ne sont plus pour elle que des organes du corps social dont elle doit étudier les fonctions organiques, comme la physiologie spéciale étudie celles des individus.

Car la société n'est point une simple agglomération d'êtres vivants, dont les actions indépendantes de tout but final, n'ont d'autre cause que l'arbitraire des volontés individuelles, ni d'autre résultat que des accidents éphémères ou sans importance ; la société, au contraire, est surtout, une véritable machine organisée dont toutes les parties contribuent d'une manière différente à la marche de l'ensemble.

La réunion des hommes constitue un véritable ÊTRE, dont l'existence est plus ou moins vigoureuse ou chancelante, suivant que ses organes s'acquittent plus ou moins régulièrement des fonctions qui leur sont confiées.

Si on le considère comme un être animé, et qu'on l'étudie, le corps social, à sa naissance et aux différentes époques de son accroissement, présente un mode de vitalité dont le caractère varie pour chacune d'elles, de même que nous voyons la physiologie de l'enfance ne pas être celle de l'adulte, et celle du vieillard n'être plus celle des premiers temps de la vie.

L'histoire de la civilisation n'est donc que l'histoire de la vie de l'espèce humaine, c'est-à-dire la physiologie de ses différents âges, comme celle de ses institutions n'est que l'exposé des connaissances hygiéniques dont elle a fait usage pour la conservation et l'amélioration de sa santé générale.

L'économie politique, la législation, la morale publique et tout ce qui constitue l'administration des intérêts généraux de la société, ne sont qu'une collection de règles hygiéniques dont la nature doit varier suivant l'état de la civilisation; et la physiologie générale est la science qui a le plus de données pour constater cet état, et pour le décrire, puisqu'il n'est pour toute société que l'expression des lois de son existence.

La politique elle-même, envisagée non pas comme système hostile conçu par chaque nation pour tromper ses voisins, mais comme science dont le but est de procurer la plus grande somme de bonheur à l'espèce humaine, n'est qu'une physiologie générale pour laquelle les peuples ne sont que des organes distincts : la réunion de ces organes forme *un seul être* (L'ESPÈCE HUMAINE), à l'accroissement duquel ils sont chargés de contribuer, en fournissant la part d'action qui dépend de leur nature particulière.

Ainsi, soit qu'on examine les changements que les influences extérieures apportent dans l'existence des individus isolés ; soit que l'on considère les modifications que cette existence reçoit de la circonstance même de la réunion des hommes en société, et de tous les phénomènes secondaires qui résultent de ce rapprochement ; soit enfin que, s'élevant au-dessus des nations, on envisage les relations qui les unissent, les avantages qu'elles peuvent retirer de leurs rapports commerciaux, de leurs associations amicales, pour s'entr'aider à tirer le meilleur parti de la nature qui les environne, du sol qui les nourrit, et des produits de chaque industrie locale, on n'a jamais pour ces différents buts qu'un même ordre d'idées à exposer, qu'un seul objet à examiner ; il n'est jamais question que de l'homme environné d'agents qui peuvent lui être utiles ou nuisibles : on n'a donc jamais à exposer que des phénomènes physiologiques, si on fait l'histoire de l'individu ou de la société ; et les conseils qu'on peut adresser à l'un ou à l'autre ne sont que des préceptes d'hygiène.

La physiologie est donc la science, non-seulement de la vie individuelle, mais encore de la vie générale, dont les vies des individus ne sont que les rouages. Dans toute machine, la perfection des résultats dépend du maintien de l'harmonie primitive établie entre tous les ressorts qui la composent ; chacun d'eux doit nécessairement fournir son contingent d'action et de réaction ; le désordre survient promptement quand des causes perturbatrices augmentent vicieusement l'activité des uns aux dépens de celle des autres.

L'espèce humaine, considérée comme un seul être vivant, est susceptible d'offrir de semblables irrégularités dans les différentes périodes de son existence. Nous sommes donc intéressés à étudier la cause de ce dérangement, afin de le prévenir ou de le faire disparaître si nous n'avons pu nous opposer à leur arrivée.

Une physiologie sociale, constituée par les faits matériels qui dérivent de l'observation directe de la société, et une hygiène renfermant les préceptes applicables à ces faits, sont donc les seules bases positives sur lesquelles on puisse établir le système d'organisation réclamé par l'état actuel de la civilisation.

Mais, pourrait-on nous objecter, les sociétés humaines existent depuis un temps assez considérable pour que leur existence puisse faire supposer celle d'un système d'organisation favorable à leur conservation. Pourquoi proposez-vous des changements qui ne seraient utiles que dans ces cas de trouble ou de maladie dont rien n'atteste la présence?

Un coup d'œil jeté sur la marche de la civilisation va nous servir de réponse.

L'enfance des sociétés, de même que celle des individus, est caractérisée par une tendance irrésistible à s'approprier tout ce qui leur est utile pour leur développement. Les passions les moins raisonnées sont les seuls guides de cette époque de la vie. Le pouvoir absolu d'un père ou d'un chef despote est alors nécessaire pour que l'individu ou la société ne fassent pas tourner à leur désavantage des intérêts particuliers qu'aucune instruction ne dirige, qu'aucune raison ne domine. Il n'y a point d'arrangement possible entre le fils qui ne connaît point la nécessité d'imposer une limite à ses devoirs, et le père qui sent cette nécessité et ne peut se faire comprendre. Il n'y a point d'organisation praticable pour une réunion d'individus qui, ne concevant rien à l'avantage de faire quelque chose pour la société, se laissent gouverner par leur intérêt privé qu'ils sentent fortement et exclusivement. Enfin, il n'y a point d'accommodement possible entre un chef que le hasard ou des qualités particulières ont mis à la tête d'une société, et des gens ignorants et passionnés qui ne cherchent qu'à lutter contre un pouvoir auquel ils voudraient se soustraire.

C'est pourquoi la société ne peut pas être considérée jusqu'ici comme ayant joui d'un système d'organisation basé sur des principes hygiéniques, car si les chefs ont déployé une force despotique qui a maintenu pendant quelque temps l'ordre parmi les gouvernés, ce calme résultant plus d'une oppression de facultés que de leur équilibre entre elles, a été plutôt artificiel que naturel, semblable à un ressort comprimé par un poids : l'esprit public s'est maintenu dans cet état tant que l'énergie des chefs a pu lutter contre son élasticité; mais la tendance permanente à la réaction a fini par triompher d'une puissance éphémère, et le pouvoir populaire a succédé à celui d'une monarchie fondée sur la ruse et sur la violence. Si nous consultons l'histoire d'une des républiques anciennes, nous avons la même observation à faire que pour la monarchie des premiers âges, c'est-à-dire que ni l'une ni l'autre forme de gouvernement n'a pu exister longtemps sans quelque interruption : car les peuples n'étant pas plus faits pour se gouverner sagement eux-mêmes que les chefs qui étaient placés à la tête des affaires n'étaient capables de se diriger selon la justice et les besoins de la société, il y eut une succession de gouvernements qui se renversèrent les uns les autres, suivant que les circonstances favorisèrent le parti des gouvernants contre les administrés ou celui des peuples contre les administrateurs.

L'éclat et la splendeur dont les peuples ont brillé tour à tour n'établissent pas davantage la solidité des principes sociaux qui les ont dirigés. On peut même les citer comme la preuve la plus convaincante de la fragilité de leurs institutions; car il faut des vices d'administration bien plus prononcés pour renverser une nation que la victoire a rendu maîtresse des richesses de toutes les autres, que pour anéantir un peuple qui est privé des principaux moyens de défense, et dont la conquête facile est à la merci de ses voisins.

Si le pouvoir de commander à des armées nombreuses, de disposer d'une grande quantité d'argent et d'esclaves, de se procurer, par un commerce étendu, les productions de toutes les parties du monde, de lever sans résistance des impôts énormes sur un peuple ignorant et superstitieux; si l'exécution de cette multitude de monuments immenses dont les ruines nous révèlent, chez les nations qui les ont élevés, de grands symptômes d'activité et de vigueur; si, dis-je, tant d'éléments combinés d'une force imposante n'ont pas empêché la destruction des peuples de l'Egypte, de la Grèce et de Rome; si le théâtre de tant de grandeurs a besoin, pour être reconnu au milieu de ses débris, d'une érudition puisée dans les traditions incomplètes qui ont échappé à l'anéantissement d'une antiquité aussi puissante, c'est que la force d'un peuple gît bien plus dans le pacte social qui associe toutes les capacités pour l'accomplissement de travaux d'une utilité commune, que dans la multiplicité des éléments de richesse et de pouvoir dont aucun esprit philanthropique ne combine la valeur.

Quel obstacle s'est jusqu'à présent opposé à l'établissement d'une constitution physiologique des sociétés? La lutte qui a toujours existé entre les organes du corps social, entre les chefs et les administrés. La force seule et l'adresse ont donné naissance aux principales institutions qui ont été établies, car il y a toujours eu absence d'accord entre les rois qui n'ont songé qu'à conserver leur pouvoir, et les peuples qui, assez souvent les plus faibles, ont été contraints d'obéir.

De même que, par l'imperfection de son développement organique, la masse des hommes, considérée comme un seul individu, n'a jamais été en état de réfléchir sagement sur les moyens d'améliorer sa position; de même, à aucune époque, les rois, comme tuteurs, n'ont jamais trouvé les peuples assez mûrs et assez raisonnables pour leur accorder spontanément un régime sociétaire qu'ils n'auraient accepté que pour en abuser.

Nous avons comparé plus haut le développement du corps social à celui des hommes considérés comme individus; c'est ici le lieu de compléter ce qui nous reste à dire à cet égard.

L'organisation humaine, comme celle des animaux et des plantes, ne se développe pas également et en même temps dans toutes les parties, de manière à ce qu'à chaque période de l'existence tous les organes présentent entre eux le même degré de développement.

L'expérience et le raisonnement s'accordent pour nous démontrer qu'au contraire nos organes ne se perfectionnent que les uns après les autres.

Aussitôt après la naissance, la vie se porte spécialement sur quelques organes seulement, les autres restent à peu près stationnaires. Au bout d'un temps déterminé, les parties qui ont commencé à croître s'arrêtent et la force de développement se porte successivement sur les autres, jusqu'à ce que toutes aient ainsi acquis le volume et la force qu'elles doivent avoir.

Alors l'activité de la nutrition revient aux parties qu'elle avait d'abord excitées, et ensuite abandonnées, jusqu'à ce que, par cette série de révolutions périodiques, tout le corps ait acquis son entier développement.

Des maladies particulières correspondent à

chacune de ces époques et indiquent bien clairement le défaut d'ensemble dans une organisation tyrannisée tour à tour par quelques parties dont l'activité n'est point en rapport avec l'inertie des autres : les passions les plus désordonnées résultent de cet état général de souffrance et de tourments; et les individus, de même que les sociétés, dont le développement n'est pas complet, ne sont susceptibles que de produire des actions le plus souvent en opposition avec leur bien particulier, pour les individus, et avec le bien général, pour les sociétés.

Pendant toutes ces premières périodes, l'individu est incapable de concevoir un plan de conduite refléchi et convenable à sa position ; le manque d'instruction et de santé se montre dans ses projets. Son imprévoyance et sa faiblesse seraient bientôt la cause de sa propre destruction, si on l'abandonnait à ses inspirations ; il a besoin, pour continuer d'exister, d'une surveillance qui l'empêche d'être livré à lui-même, qui comprime ses désirs illégitimes, et qui le force à des travaux utiles pour sa conservation, quoiqu'il n'en conçoive pas l'utilité.

Mais lorsque chacun des organes a acquis tout le développement dont il est susceptible ; lorsque aucune partie ne prédomine sur les autres; lorsque l'égalité d'action de chacune d'elles amène l'harmonie et l'unité dans toute l'économie; lorsque enfin toutes les facultés physiques et morales sont telles qu'elles peuvent être appliquées avec instruction et avec calme à l'étude des objets extérieurs dont elles doivent tirer parti; lorsqu'on est en état d'avoir une conscience raisonnée de la position qu'on occupe dans ce monde, c'est alors que l'individu est capable de coordonner toutes les idées qu'il a acquises pendant la tutelle pour l'heureuse influence de laquelle il a été élevé.

C'est alors seulement que la santé dont il jouit et que l'éducation qu'il a reçue lui permettent de faire servir le passé à la connaissance du présent, d'appliquer son expérience à son état à venir, enfin de se créer un système de conduite dont auparavant il était incapable de concevoir le plan et d'apprécier l'utilité.

La société européenne a successivement présenté ces périodes distinctes de développement et de prédominance organique exclusive : tour à tour elle a été agitée par des activités vicieuses, chaque temps de son accroissement a été caractérisé par des maladies et des mouvements critiques particuliers, comme les individus elle a eu son âge des illusions et des superstitions; des convulsions terribles ont menacé son existence; des révolutions affreuses ont été le résultat d'une foule de réactions vitales qui ont bouleversé momentanément l'organisation sociale.

Enfin la plus importante de toutes les révolutions a été produite : l'esclavage a été aboli, l'égalité des droits a été proclamée, la nation a été déclarée majeure, et la cessation des institutions des premiers âges, amenée par le cours naturel des choses, nous a prouvé que les Européens avaient subi tous les accroissements partiels qui devaient les amener à cette époque de maturité que tout être organisé doit acquérir, et à laquelle seulement il lui est permis de développer toute l'action, toute l'énergie suffisante pour se créer un plan de conduite favorable à la santé générale, et pour tirer de ses facultés industrielles tout le parti qu'il lui est accordé d'en attendre.

Avant l'abolition de l'esclavage, quel système hygiénique pouvait être adopté? On pourra soutenir qu'à chaque époque les peuples ont été administrés comme ils pouvaient l'être, en raison de leur état moral, et que des règlements plus conformes à la justice, relativement à nous, eussent été dangereux dans un état de civilisation différent du nôtre. Je suis loin de critiquer ce mode d'administration, puisque la nature a inspiré aux hommes, à chaque époque, la forme de gouvernement la plus convenable, et ce sera précisément d'après ce même principe que nous insisterons sur la nécessité d'un changement de régime, pour une société qui n'est plus dans les conditions organiques qui ont pu justifier le règne de l'oppression. Car, si on accorde que le cours naturel des choses a fait naître les institutions nécessaires à chaque âge du corps social ; s'il a amené le régime sanitaire qui était le mieux en rapport avec sa constitution aux différentes époques, pourquoi conserverions-nous des habitudes hygiéniques contradictoires avec notre état physiologique ? Pourquoi voudrait-on conserver des principes d'administration créés pour des circonstances antérieures qui n'existent plus pour nous ? Pourquoi voudrait-on maintenir le régime qui convient à l'enfance, aujourd'hui que nous avons acquis l'état organique propre à l'adulte ?

Qu'ont été les nations avant l'époque actuelle ? Une réunion d'individus incapables de s'administrer sagement, et par conséquent devant être soumis à une volonté absolue. Les rois, jusqu'à présent, ont donc en quelque sorte toujours agi en dehors des nations ; ils ont fait ce qu'ils ont cru juste, ou ce qu'il leur a plu de faire ; enfin, ils n'ont en général consulté que leur propre sagesse ou leur passion ; ils n'ont jamais rendu compte de leur conduite ; la chose eût été inutile : ils n'auraient pas été compris. Mais aujourd'hui les rois ne doivent plus gouverner en dehors de leurs peuples ; ils doivent ne rien faire d'important sans leur en exposer les motifs, les admettre dans leurs conseils, leur demander leur opinion sur les mesures à prendre, les consulter sur les besoins de l'État, et leur accorder le pouvoir de voter ou de refuser l'impôt, c'est-à-dire la faculté de favoriser ou d'empêcher les entreprises qu'ils soumettent à leur examen.

Les rois et les nations qui, autrefois, formaient deux partis bien distincts et ennemis comme le sont le maître et l'esclave, n'auront donc plus d'autres rapports que ceux qui existent entre un administrateur et ses administrés, ou bien entre des associés qui chargent un d'entre eux de diriger les intérêts généraux. . . . .

. . . .

Autrefois, l'instruction et le pouvoir étant concentrés dans les mêmes mains, les chefs n'avaient pas besoin de consulter le peuple quand ils avaient quelque détermination à prendre dans l'intérêt de la société ; aujourd'hui que l'instruction est descendue des mains des gouvernants dans celles des gouvernés, aujourd'hui que la masse des hommes, jadis si passionnés et si ignorants, est devenue éclairée sur ses véritables intérêts, elle est devenue, par cela même, en état de comprendre ce qui convient à son bien-être ; elle peut donc maintenant soutenir de toute sa puissance les innovations fondées sur l'intérêt général.

La société étant arrivée à cette période de son accroissement où les erreurs de l'enfance ne peuvent plus l'aveugler sur le régime qui lui convient, où elle peut mettre à profit les connaissances acquises par tant d'années de troubles et de révolutions, où l'expérience du passé peut servir à l'établissement des institutions favorables à la santé générale, il s'ensuit naturellement que la politique est rentrée dans le domaine de la physiologie.

NOTES DE SAINT-SIMON.

M*** (le docteur Bailly), docteur en médecine, qui s'était chargé de la partie physiologique de nos travaux, a été empêché, par un incident de famille, de terminer son œuvre. Pour remplir cette lacune, autant qu'il nous est possible, nous allons énoncer en langage vulgaire les observations qu'il comptait présenter, en employant les formules physiologiques et hygiéniques.

Le désœuvré est à charge à lui-même, en même temps qu'il est un fardeau pour la société.

Le désœuvrement est le père de tous les vices.

Le désœuvrement constitue l'homme dans un état de maladie.

Ainsi, d'après les principes de politique et de morale, en même temps que de physiologie et d'hygiène, le législateur doit combiner l'organisation sociale de manière à stimuler, le plus possible, toutes les classes au travail et particulièrement aux travaux les plus utiles à la société.

L'organisation sociale qui accorde le premier degré de considération au désœuvrement et aux travaux les moins utiles à la société est donc essentiellement et radicalement vicieuse. . . . .

Le vice de l'organisation sociale est d'autant plus grand qu'en résultat de sa disposition fondamentale, les travailleurs aspirent à entrer ou à faire entrer leurs enfants dans la classe des oisifs; de manière que toute la population se trouve stimulée à tendre, avec le plus d'énergie possible, à un état de désœuvrement, c'est-à-dire à un état où l'homme est malade d'une maladie qui le rend nécessairement immoral.

L'organisation sociale actuelle n'a point été conçue primitivement telle qu'elle existe aujourd'hui.

A l'origine du système théologique et féodal, les classes du clergé et de la noblesse n'étaient point désœuvrées et incapables.

A cette époque, la guerre était continuelle, et les nobles, qui formaient exclusivement la classe militaire, étaient par conséquent continuellement en activité.

A cette même époque, les nobles dirigeaient

les travaux de la culture, qui étaient les seuls travaux industriels importants.

Le clergé était alors le seul corps savant.

Le clergé était alors exclusivement chargé de l'éducation publique.

D'après les observations physiologiques, il est constaté que les sociétés, ainsi que les individus, sont soumis à deux forces morales qui sont d'une égale intensité, et qui agissent alternativement : l'une est la force de l'habitude, l'autre est celle qui résulte du désir d'éprouver de nouvelles sensations.

Au bout d'un certain temps, les habitudes deviennent nécessairement mauvaises, parce qu'elles ont été contractées d'après un état de choses qui ne correspond plus aux besoins de la société. C'est alors que le besoin des choses neuves se fait sentir, et ce besoin, qui constitue le véritable état révolutionnaire, dure nécessairement jusqu'à l'époque où la société est reconstituée d'une manière proportionnée à sa civilisation.

La population européenne est dominée par la force révolutionnaire depuis le xve siècle, et cette force ne cessera d'être dominante qu'à l'époque où un système social, radicalement distinct du système théologique féodal, sera établi à sa place.

La première opération pour arrêter l'action révolutionnaire consistait à concevoir et à présenter clairement le système social qui convient à l'état présent des lumières.

Cette première opération est terminée.

Il est clair que, dans le système dont l'établissement doit subalterniser la force révolutionnaire, les hommes à occupations et à habitudes pacifiques doivent exercer la principale influence, et que, parmi les hommes pacifiques, ce sont les plus capables qui doivent diriger les intérêts nationaux.

Or, les hommes les plus capables, attendu que ce sont leurs travaux qui contribuent le plus à la prospérité sociale, sont les ARTISTES, les SAVANTS et les INDUSTRIELS.

. . . .

« Le physiologiste, ajoute Saint-Simon, conclut en disant :

« Que les artistes, par un effort d'imagination, dépouillent le passé de l'âge d'or, et qu'ils en enrichissent l'avenir ;

« Que les physiologistes se placent en tête du corps des savants laïques ;

« Que les banquiers combinent leurs forces politiques avec celles des savants et des artistes ;

« Et les hommes du système théologique et féodal ne figureront bientôt plus que dans les souvenirs, de la même manière que les aruspices et les consuls de Rome. »

NOTE DE L'ÉDITEUR.

La deuxième partie des *Opinions littéraires*, *philosophiques et industrielles*, consacrée à l'étude et à la solution de la question religieuse, devait être l'objet d'un second volume. Saint-Simon trouva le sujet trop important pour n'en pas faire une publication spéciale qui suivit de près l'apparition du premier volume des *Opinions*, etc., sous le titre de : *Nouveau Christianisme*. (Voir le XXIIIe volume de la collection générale, le VIIe des *Œuvres de Saint-Simon*, page 100.)

L'ARTISTE

LE SAVANT ET L'INDUSTRIEL

DIALOGUE

PAR

Olindes RODRIGUES

L'ARTISTE

LE SAVANT ET L'INDUSTRIEL

DIALOGUE

Plusieurs conversations avaient eu lieu entre un artiste, un savant et un industriel, sur des questions de haute importance : ils se plaignaient réciproquement de leur position sociale, et se consultaient sur les moyens de l'améliorer. Ils convinrent d'une dernière réunion pour résumer tout ce qui avait fait l'objet des discussions précédentes et arriver, s'il était possible, à quelque résultat positif. Ils se rassemblèrent, et voici quelle fut leur conversation :

L'ARTISTE.

Aucun de nous, Messieurs, n'est content de sa position. Eh bien ! il est en notre pouvoir de la changer; nous n'avons, pour y parvenir, qu'à donner une direction nouvelle à nos travaux, et qu'à changer la nature des rapports qui jusqu'ici ont existé entre nous.

La plainte, dans la bouche du faible, qui n'a ni l'espoir ni le moyen de remédier aux inconvénients de sa situation, est un droit naturel et une sorte de consolation; mais dans la bouche du fort, qui se lamente lorsqu'il ne tiendrait qu'à lui de faire disparaître la cause du malaise physique ou moral qu'il peut éprouver, la plainte n'est qu'un ridicule.

Ne vous semble-t-il pas, comme à moi, Messieurs, que toute la force de la société réside en nous; que toute la vigueur dont peut disposer le Gouvernement, il la tient de nous; que nous sommes, en un mot, le soutien, la vie du corps social? En concevriez-vous l'existence, si nos travaux venaient à l'abandonner? Qui pourrait satisfaire aux besoins de l'homme, ou lui procurer les jouissances qui sont aussi des besoins pour lui, si les arts, l'industrie, les sciences, venaient tout à coup à disparaître? Est-ce aux gouvernants, qui ne sont ni des artistes, ni des savants, ni des industriels, et qui regarderaient comme bien au-dessous de leur dignité d'être placés au nombre des producteurs, est-ce aux gouvernants que le père de famille irait alors demander du pain, des vêtements, un abri pour ses enfants; le laboureur, des instruments pour la culture, ou des conseils pour la prospérité de ses moissons; le riche, des tableaux, des statues, capables de charmer à la fois son œil et sa pensée; des chants sublimes, faits pour plaire à son oreille et à son âme? Dans cette détresse générale, que pourraient accorder les gouvernants aux prières publiques, que pourraient-ils donner à la société? Des ordonnances, la seule chose au monde qu'ils soient aptes à produire; et encore leur serait-il impossible d'en faire si les arts, les sciences et l'industrie, sur lesquels elles portent toujours, venaient à refuser à la société le fruit de leurs combinaisons, le secours de leurs travaux et de leurs veilles.

A Dieu ne plaise cependant que je regarde les gouvernants comme inutiles! Chargés de donner à la société la forme réglementaire, ils lui rendront des services très-importants et très-réels, du moment où, voyant la haute administration des affaires publiques confiée aux capacités positives, ils seront amenés à ne regarder leurs fonctions que comme secondaires, et à reconnaître qu'il doit y avoir entre eux et les hommes de l'industrie, des sciences et des beaux-arts, la même distance que celle qui existe, dans les colléges, entre les surveillants et les professeurs. A Dieu ne plaise, pareillement, que je refuse aux gouvernants des intentions louables ! Ils se font illusion ; ils sont dans une erreur complète : voilà toute leur faute. Ils ne comprennent pas l'époque où ils vivent ; ils ne pensent pas assez que, de nos jours, la considération ne peut s'attacher qu'aux hommes de talent, qu'aux hommes utiles ; ils veulent jouir de la première importance, de la première considération, tandis qu'ils ne sont, en effet, que des hommes médiocres, puisqu'ils n'ont point mérité par leurs travaux d'être rangés parmi les savants, les industriels ou les artistes [1].

La société européenne n'est plus composée d'enfants qui aient besoin, dans leur intérêt même, d'être dirigés par une surveillance forte

1. Nous entendons par artiste le *poëte* dans toute l'étendue de ce mot ; le mot *artiste*, dans ce dialogue, comme dans tout l'ouvrage, signifie donc *homme à imagination*, et il embrasse à la fois les travaux du peintre, du musicien, du poëte, du littérateur, etc. ; en un mot, tout ce qui a pour objet la *sensation*.

et active; elle est composée d'hommes dont l'éducation est faite, et qui ne demandent plus que de l'instruction. La politique ne doit plus être autre chose que la science de procurer à la masse la plus grande somme possible de biens matériels et de jouissances morales. Les gouvernants, quoique dominés par d'anciens préjugés, et soumis à l'empire des illusions, n'en rendent pas moins hommage par leur conduite générale à la force des opinions; ils commencent à montrer, sinon par leurs actes, du moins par la forme dont ils les entourent, qu'ils ne se dissimulent pas qu'ils ont affaire à des hommes raisonnables, qui ne veulent pas vivre pour être gouvernés, mais qui consentent à être gouvernés pour mieux vivre. Ils favorisent, je le sais (autant qu'ils le peuvent dans l'état actuel des choses), les arts, les sciences et l'industrie; mais pourquoi ces trois grandes capacités, qui peuvent marcher d'elles-mêmes, et sans lesquelles rien ne pourrait marcher, ont-elles besoin qu'on les favorise? Ceux qui les possèdent ne pourraient-ils pas dire aux gouvernants: « Qu'y a-t-il de commun entre vous et nous? D'où vient que nous sommes à votre merci? A qui la nation doit-elle son bien être? Qui soutient le trône, de vous ou de nous? C'est de notre sein, c'est du fond de nos cabinets d'études, de nos ateliers, de nos fabriques, et non du fond de vos bureaux et de vos salles à manger, que sort tout ce qui peut être utile à la société. Sommes-nous parvenus à concevoir un projet d'une utilité générale, il faut que nous vous sollicitions de le prendre en considération. Parvenons-nous à vous le faire adopter, c'est nous qui, sous votre bon plaisir, l'exécutons. Puisque vous nous êtes inférieurs en capacité de surveillance et de police, qui de jour en jour doit devenir plus subalterne, d'où vient que vous voulez nous réduire au rôle d'instruments passifs, nous sans qui il vous serait impossible d'opérer la moindre action? Votre fierté n'est-elle pas aussi déplacée, aussi ridicule que le serait celle du cocher, qui, énorgueilli de l'élévation de son siége, se croirait au-dessus de son maître, qui le paye et qui nourit ses chevaux? »

Je suppose que l'un de nous tînt ce discours à un gouvernant; la réponse de celui-ci serait bien simple : « Je n'ai qu'un mot à vous dire, répondrait-il, vous êtes divisés et nous sommes unis ».

Ce reproche, Messieurs, serait fondé. L'union,

qui est la vertu et la sauve-garde des faibles, est aussi un des devoirs de la force. Bien loin que la concorde règne entre nous, il y a, au contraire, entre les savants, les industriels et les artistes, une sorte d'hostilité permanente. Je ne prétends pas que les torts soient d'un seul côté : ils sont réciproques.

Le savant, porté par la nature de ses travaux et de son talent à n'estimer que les démonstrations rigoureuses et les résultats positifs, considère l'artiste comme un homme exalté; il ne croit ni à l'artiste ni à la puissance des beaux-arts; il ne songe pas assez que les raisonnements ne font que convaincre, tandis que les sensations persuadent et entraînent.

L'industriel, en général, ne rend pas non plus à l'artiste toute la justice qu'il mérite ; il s'en forme une idée fausse; il regarde comme léger le talent du littérateur, du poëte, du peintre, du musicien; il les regarde eux-mêmes comme des hommes sans tenue et sans consistance. Froids calculateurs par l'habitude d'opérations matérielles et productives, les industriels considèrent avec une sorte de dépréciation des travaux intellectuels qui ne donnent point de faits pour résultats; quelques-uns, qui ne sont point restés inaccessibles aux inspirations féodales, et qui oublient trop souvent leur origine plébéienne et les longs travaux, source honorable de leurs richesses, ouvrent de préférence leurs brillants salons à des personnages qu'un grand nom ou qu'une grande fortune ont dispensés d'être utiles, et craindraient de traiter d'égal à égal des hommes qui savent se passer, en général, de cette espèce de considération que donnent les titres et les dignités; tous enfin regardent la supériorité de leur position sociale sur celle des artistes comme évidente et incontestable.

Quant à nous (je l'avouerai avec la même franchise), peut-être sommes-nous encore plus exclusifs et plus injustes : le monde idéal que nous habitons souvent nous porte quelquefois à jeter sur ce monde terrestre un œil de compassion et de mépris; l'imagination, qui nous procure les plus douces jouissances et les consolations les plus pures, nous semble la seule des facultés humaines qui soit digne d'estime et de louange; nous n'attachons pas une bien grande valeur aux travaux des savants, dont nous méconnaissons l'importance; nous faisons peu de cas de leur commerce, qui ne fournit pas assez d'aliment à nos sensations; leur esprit nous paraît lourd, leurs travaux sont à nos yeux purement matériels. A plus forte raison déprécions-nous ceux de l'industrie, et l'opinion défavorable que plusieurs de nous conçoivent d'une classe d'hommes si honorables, si nécessaires, s'accroît encore par la conviction où nous sommes que les industriels sont exclusivement dominés par la passion de l'argent, passion éminemment terrestre, en horreur aux poëtes, aux peintres, aux musiciens, pour qui l'argent n'a ni dignité ni valeur, et qui, de temps immémorial, n'ont jamais excellé qu'à le dépenser.

Vous voyez que j'ai franchement fait notre part à tous, et que je parle en homme qui ne cache rien, parce qu'il veut que tout soit oublié. Changeons désormais de route et d'allure ; au lieu de fixer réciproquement notre attention sur nos défauts, attachons-nous à faire mutuellement valoir nos qualités. Pénétrons-nous bien de cette grande idée, que le bien-être de la société dépend uniquement des trois grandes capacités dont nous représentons ici l'ensemble. Noublions pas que nous contribuons tous à ce bien-être pour une portion à peu près égale ; que sans l'une des trois classes dont nous faisons partie, le corps social serait en état de souffrance et dans un imminent danger ; que privé tout à coup des sciences et des arts et de l'industrie, il tomberait frappé de mort subite.

Ayons donc la conscience de notre valeur mutuelle, et nous aurons la dignité qui convient à notre position. Combinons nos forces, et la médiocrité, qui triomphe de notre désunion, aura honte d'elle-même de sa faiblesse, et viendra prendre place au-dessous de nous, et se mettre à l'ombre de notre pacifique puissance et de notre triple couronne.

Unissons-nous, et, pour parvenir au même but, nous avons chacun une tâche différente à remplir.

C'est nous, artistes, qui vous servirons d'avant-garde; la puissance des arts est en effet la plus immédiate et la plus rapide. Nous avons des armes de toute espèce : quand nous voulons répandre des idées neuves parmi les hommes, nous les inscrivons sur le marbre ou sur la toile; nous les popularisons par la poésie et le chant; nous employons tour à tour la lyre ou le galoubet, l'ode ou la chanson, l'histoire ou le roman; la scène dramatique nous est ouverte, et c'est là surtout que nous exerçons une influence électrique et victorieuse. Nous nous adressons à l'imagination et aux sentiments de l'homme ; nous devons donc exercer toujours l'action la plus vive et la plus décisive ; et si aujourd'hui notre rôle paraît nul ou au moins très-secondaire, c'est qu'il manquait aux arts ce qui est essentiel à leur énergie et à leurs succès, une impulsion commune et une idée générale.

Chez les peuples de l'antiquité, auxquels les sentiments de fraternité universelle furent entièrement inconnus, et qui poussèrent au plus haut point l'égoïsme national, les arts ont joué un grand rôle politique, ils ont exercé une action importante : ils ont eu du patriotisme.

Plus tard, quand une croyance nouvelle répandit parmi les hommes les principes d'une morale humaine, conciliante et éclairée ; quand se formèrent les grandes associations politiques ; quand l'industrie commença à naître et à s'étendre à mesure que l'esclavage s'anéantissait par la salutaire influence de dogmes vraiment divins, les arts ont encore puissamment servi le mouvement général des esprits : il ont eu de la religion.

Maintenant que la grande œuvre du christianisme s'accomplit ; que la fraternité règne entre les hommes et les nations ; que de grandes erreurs ont été pour jamais détruites ; que la société devient de plus en plus positive, il faut que les arts prennent définitivement l'attitude qu'ils ont eu tendance à prendre depuis un siècle environ, il faut qu'ils aient du sens commun.

Tel est, en effet, le caractère du temps où nous vivons. Il a fallu que l'espèce humaine, en Europe, passât par de terribles crises, avant d'arriver à une époque de maturité et de raison, avant de voir ses différentes facultés parvenues toutes à un tel développement, et maintenues dans un tel équilibre, que l'une ne dominât pas à l'exclusion des autres, mais que toutes pussent être dirigées de concert vers un but d'amélioration générale et complète.

Sans doute l'imagination aura longtemps encore un grand empire sur les hommes ; mais son règne exclusif est passé ; et si l'homme est aussi avide que jamais des jouissances que les beaux-arts procurent, il exige que sa raison trouve aussi son compte dans ces jouissances : ainsi les arts risqueraient de perdre pour toujours leur importance, et, loin de diriger la marche de la civilisation, ils ne seraient plus rangés parmi les besoins de la société, s'ils s'obstinaient à suivre une direction où ils n'ont plus rien à exploiter, celle de l'imagination sans objet, de l'imagination rétrograde. Mais au contraire s'ils secondent le mouvement général de l'esprit humain, s'ils veulent aussi servir la cause commune, contribuer à l'accroissement du bien-être général, produire sur l'homme des sensations fructueuses, telles qu'il convient à son intelligence développée d'en ressentir, et propager, à l'aide de ces sensations, des idées généreuses qui soient *actuelles*, aussitôt ils verront s'ouvrir devant eux un avenir immense de gloire et de succès ; ils pourront reconquérir toute leur énergie, et s'élever au plus haut point de dignité qu'ils puissent atteindre : car la force de l'imagination est incalculable, quand elle s'élance dans une direction de bien public.

Chaque siècle a eu son genre d'idées généreuses. Tantôt ce fût le fanatisme national, tantôt le fanatisme religieux. L'idée le plus longtemps et le plus généralement réputée généreuse fut celle du mépris de la vie, comme d'un bien sans valeur, sans importance, au prix de je ne sais quelle fiction poétique, appelée gloire militaire. Cette idée, purement d'imagination, vous la retrouvez chez les nations barbares comme chez les nations civilisées, et jusqu'ici elle a dominé les beaux-arts. Aujourd'hui que l'homme sent tout le prix de la vie (ce qui est un privilége de la raison et de l'âge mûr), il n'y a rien de plus généreux au monde que l'utile emploi de notre existence; il y a aujourd'hui de la noblesse et de la vertu à penser qu'on doit contribuer, pour sa part, au bien-être de la société; que la vie est bonne à conserver, parce qu'on peut vivre avec dignité pour soi-même et avec fruit pour les autres; qu'on a sur cette terre d'autres devoirs à remplir que d'aller mourir pour un ambitieux, pour un conquérant, et qu'on ne doit faire le sacrifice volontaire de ses jours, que si le maintien de la paix générale, que si la justice et l'humanité l'exigent. L'imagination trouve là sa part aussi bien que la raison. Les idées pacifiques sont donc aujourd'hui essentiellement généreuses: si les idées guerrières se sont un instant réveillées, c'est à la vue d'un peuple illustre par son origine et par ses malheurs, peuple que l'on croyait disparu de la face du monde, perdu dans le naufrage des temps, et qui s'est retrouvé tout-à-coup avec ses vertus antiques et les vertus nouvelles; peuple qui se soulève contre une absurde tyrannie, qui semble lutter contre toute la barbarie des siècles passés, et qui n'a saisi les armes que parce qu'il veut aussi prendre part à la vie libre, paisible, industrielle des nations. Voilà ce qu'a senti la société européenne ; voilà pourquoi elle soutient cette guerre de ses espérances et de ses vœux ; voilà pourquoi ce peuple d'opprimés a trouvé des âmes nobles pour le soutenir, des poëtes pour le chanter, des peintres qui consacreront sa résistance héroïque et ses défaites victorieuses.

On ne saurait trop le répéter, les idées généreuses de l'époque présente, ce sont les idées pacifiques. Ces idées ont aussi leur exaltation ; et cette exaltation leur est nécessaire pour leur donner le caractère de l'élévation et de la noblesse. Sans doute elles dominent aujourd'hui la société, mais elles lui donnent un aspect pâle et peu poétique, parce que les beaux-arts ne s'en sont point emparés avec vigueur, parce que la société elle-même n'a point su encore s'organiser et s'entendre, pour les pousser en avant le plus possible, et pour en faire sa vie, son action. On verra ce résultat s'opérer, quand l'égoïsme, ce fruit bâtard de la civilisation, aura été refoulé jusque dans ses derniers retranchements ; quand la littérature et les beaux-arts se seront mis à la tête du mouvement, et auront enfin passionné pour son bien-être la société, que jusqu'ici on a tant de fois passionnée pour son malheur et pour sa ruine. Quel plus riche avenir, quel tableau plus propre à enflammer l'imagination et à étendre les sentiments que celui de l'epèce humaine pour jamais unie par la fraternité des jouissances et du travail, cette morale pratique de tous les temps! quelle plus belle destinée pour les arts, que d'exercer sur la société une puissance positive, un véritable sacerdoce, et de s'élancer en avant de toutes les facultés intellectuelles, à l'époque de leur grand développement!

Voilà le devoir des artistes, voilà leur mission. Celle des savants n'est ni moins honorable ni moins grave. Ce sont les savants, suivant l'heureuse définition d'un des hommes les plus considérables de l'époque actuelle[1], *qui démontrent l'utilité pratique du savoir, qui accroissent la puissance de l'homme sur le monde*

1. Humphry Davy, président de la Société royale de Londres (*Voyez le récit de l'Assemblée tenue à Londres pour l'érection d'un monument en l'honneur de James Walt*, 2e cahier de la *Revue européenne*, article de M. Ch. Dupin. Voyez aussi le *Globe* du 30 octobre 1824). Nous donnerons ailleurs notre opinion sur les discours prononcés dans cette assemblée.

extérieur, qui multiplient et répandent le bien-être et les jouissances de la vie humaine. C'est à eux de détruire entièrement l'empire que les connaissances vagues pourraient exercer encore, de seconder par de solides démonstrations les conceptions des arts et les combinaisons de l'industrie, d'assurer par les grands résultats de leurs travaux et par leur action puissante, le triomphe de l'intelligence, du génie et de la force morale, sur la force animale et sur la supériorité numérique. Ils doivent faire tous leurs efforts pour amener dans leurs mains et dans celles des artistes l'instruction publique, qui ne peut prospérer que sous leur double influence et sous leur direction immédiate. Alors, en effet, l'éducation concourra non moins que l'instruction à produire une génération d'hommes qui aient à la fois et la morale et les connaissances de leur temps, qui soient pleins de franchise, de dignité, et aussi éloignés de l'hypocrisie et de la servilité que de l'ignorance.

Les industriels, qui sont la force physique du corps social, et qui deviendront force morale quand ils le voudront, doivent bien se pénétrer de l'idée de leur importance, des devoirs qu'elle leur impose, et s'efforcer de répandre des sentiments dans toute la classe des producteurs. C'est surtout aux banquiers, qui sont les fondés de pouvoir de tous les industriels, que cette mission est réservée ; c'est à eux à propager, parmi toutes les classes de travailleurs, l'opinion ferme que l'organisation la plus avantageuse pour la société serait celle qui confierait la gestion des intérêts généraux aux producteurs les plus capables, dans la direction industrielle comme dans la direction morale et scientifique.

De tout temps, ce sont les hommes sortis des dernières classes de la société qui se sont distingués dans les arts, dans les sciences et dans l'industrie ; mais l'histoire ancienne et une grande partie de l'histoire moderne n'offrent que les fastes de l'aristocratie de naissance, et ne sont, par conséquent, qu'un long récit de batailles. Maintenant que les nations sont entrées enfin dans leur ère pacifique, l'histoire des sciences, de l'industrie et des arts, c'est-à-dire l'histoire du peuple, a décidément commencé.

LE SAVANT.

Vous venez d'exprimer des idées auxquelles on ne peut refuser, il me semble, ni le mérite de la netteté, ni celui d'une tendance marquée vers le bien public; mais j'ai à vous faire quelques observations. Il me semble d'abord que, dans le système dont vous proposez l'adoption, tout le monde trouvera son compte, excepté les artistes. Je vois bien en quoi le nouvel ordre de choses serait favorable à l'industrie et à la science; mais il me semble qu'il serait funeste aux beaux-arts, et que, sur ce point, vous vous faites illusion. Je conçois très-bien que le jour où l'administration des intérêts publics sortirait des mains des non producteurs de toute espèce, pour entrer dans celles des savants, des artistes, des cultivateurs, des fabricants, des banquiers, etc., il en résulterait évidemment de grands avantages pour le progrès des sciences exactes, des arts industriels, et pour l'utilité de ceux qui les cultivent. Mais je conçois aussi qu'un résultat tout contraire serait inévitable pour les artistes, quoiqu'ils dussent participer par des délégués à l'administration des affaires publiques. Les beaux-arts procurent de nobles et de vives jouissances à ceux dont l'intelligence a été développée par l'éducation; mais ils ont besoin, pour se trouver en activité et pour fournir une carrière brillante, qu'il existe dans la société une classe d'hommes riches et désœuvrés. Le despotisme même leur est favorable, si le despote est susceptible de sensations délicates. En un mot, j'ai toujours cru que le régime le plus convenable aux arts, le plus propice à leur développement et à leur succès, était celui d'une monarchie absolue, entourée d'une noblesse opulente, d'une aristocratie oisive et somptueuse.

L'ARTISTE.

Il me serait facile de répondre à cette objection, qui est l'effet d'un préjugé très-répandu, auquel vous-même vous payez tribut, malgré la rectitude de votre esprit. Les riches désœuvrés, dites-vous, et le despotisme, voilà les protecteurs-nés des beaux-arts. Ouvrons, pour vous répondre, le grand livre de la science et de l'expérience : consultons l'histoire.

Chez les Egyptiens, peuple commerçant et industriel, les arts ont opéré des prodiges, que le temps a, en grande partie, détruits, mais dont il reste encore des traces gigantesques.

En Perse, et dans les vastes contrées de l'Orient dévouées de tout temps au despotisme, il y eut des grands rois, des satrapes, mais peu de peintres, de sculpteurs et de poëtes.

En Grèce, les arts ont brillé partout où l'industrie a été florissante, partout où un cruel esclavage n'a point pesé sur la masse.

A Athènes, qui fut de toutes les républiques grecques celle où un plus grand nombre d'hommes participaient à la liberté, et qui avait un port fréquenté par le commerce le plus actif, les arts ont pris un essor remarquable, et ils se sont élevés à un plus haut degré de splendeur que chez aucun autre peuple de l'antiquité.

A Sparte, où quelques citoyens *libres,* toujours sous les armes, vivaient en sauvages, ne produisant rien, et opprimant de la manière la plus affreuse une population désarmée, les arts furent continuellement dans un état de barbarie; et un musicien fut banni du territoire de Lacédémone parce qu'il avait ajouté une corde à la lyre.

Rome ne commença à cultiver les arts que lorsqu'elle eut étendu ses rapports par la conquête, et arraché à Carthage l'empire du commerce et celui des mers. Sous le despotisme hideux de ses empereurs, on vit leur flambeau s'éteindre.

Le peuple de Rome, oisif et lâche, ne demandait alors que des plaisirs féroces, des combats d'animaux et de gladiateurs. Le goût du sang était descendu du maître aux esclaves; et l'imagination dépravée, abrutie, n'était plus susceptible des paisibles jouissances des arts.

Pendant une grande partie du moyen âge, rien ne troubla leur long sommeil; ni les invasions, ni les massacres, ni les incendies, ne purent réveiller leur génie. Ce triomphe était réservé à la renaissance de l'industrie et de la paix. Ils furent ranimés, au xve siècle, par la protection des Médicis, qui se livraient à un négoce étendu. Florence, qui fut le second berceau des arts, était une ville de fabriques et de commerce; c'est à l'industrie que nous sommes redevables de ces magnifiques tableaux où respire tout le génie de la peinture, et où se concentre l'admiration de tous les peuples.

La première école de peinture, dans le nord de l'Europe, l'école flamande, devenue si célèbre, a été fondée à Anvers, celle des villes européennes qui, proportionnellement à sa population, faisait les plus importantes entreprises industrielles.

Voyez avec quelle lenteur les arts se sont développés en France, où la masse a été si longtemps victime d'un régime oppressif et immoral! Voyez quel essor ils ont pris depuis un demi-siècle! Le nombre des productions en ce genre, depuis cette époque peu éloignée, surpasse tout ce que les siècles passés, réunis, avaient vu naître. L'oisiveté et le despotisme, voilà, selon vous, les deux grands soutiens des arts. Allez donc les admirer à Constantinople, à Madrid, à Alger! Le despote d'Asie susceptible de sensations délicates, les satisfait dans son harem; il lui faut des sorbets et des femmes; l'imagination n'entre pour rien dans ses plaisirs. Et depuis quand la voix d'un eunuque ou le cimeterre d'un vizir peuvent-ils faire sortir des sons d'une lyre ou des formes d'un marbre inanimé? Là s'arrête la puissance du sabre. Le despotisme, en Europe, est moins brutal; et, s'il n'étouffe pas entièrement les arts, il les dénature, il les avilit, en les pliant à sa politique et à ses préjugés. Les jouissances que les beaux-arts procurent sont le prix et le délassement du travail; l'éloge le plus flatteur pour ceux qui les cultivent, c'est celui de la masse : l'artiste a besoin d'émotions douces; et le spectacle qui lui convient le mieux, c'est celui du bonheur du travail et de la paix. Le fléau des arts, c'est le désœuvrement et le despotisme; leur soutien, leur vie, c'est l'industrie et la liberté.

Or, simplifions les termes le plus possible. Qu'est-ce que l'industrie? c'est le peuple. Qu'est-ce que la liberté? c'est le libre développement physique et moral de l'industrie, c'est la production.

Si vous dites que les arts ont besoin, par leur nature, d'être encouragés et animés, vous serez d'accord avec la vérité et l'expérience. Quand les arts suivent le mouvement des esprits, quand ils participent à une grande action morale, alors ils trouvent naturellement protection chez le peuple : tels ils se sont montrés au xve siècle, à l'époque du grand mouvement religieux et scientifique qui a préparé l'état de choses actuel, tels ils se sont montrés dans le siècle dernier, où ils ont suivi et appuyé la tendance de désorganisation produite par le malaise général et par une explosion de forces trop longtemps comprimées. Mais quand il arrive que les arts ne voient plus d'action à opérer ou à soutenir; quand ils cherchent en vain à saisir la physionomie de leur époque; quand ils ne voient la manifestation franche d'aucuns sentiments généraux; comme ils ne consentent à s'élancer en avant que lorsqu'ils sont sûrs d'un appui qui les soutienne, ils se rejettent alors sur le pouvoir. Aussitôt l'on voit éclore des vers, des statues, des monuments de circonstance. Le poëte traite alors avec un égal enthousiasme tous les sujets qu'on lui impose; le peintre fait des tableaux sacrés, ou des tableaux de cour. Mais au milieu de ces travaux d'un moment, et de cette fausse direction qui les entraîne, les artistes sentent qu'ils ne suivent pas leur vocation, qu'ils ne remplissent pas leur mission noble et élevée : ils ont conscience des devoirs qu'elle leur impose, mais ils attendent que ce qui n'est encore chez eux qu'un sentiment devienne une idée. Proclamons cette idée, et nous les verrons revenir au peuple, à l'industrie, qui est leur protectrice naturelle, qui seule leur laisse leur indépendance, qui seule les apprécie à leur juste valeur, et qui leur fait du bien sans les humilier. Nous les verrons alors marcher avec leur temps, et ressaisir l'importance qu'ils ont toujours eue quand ils ont travaillé, non pour quelques hommes, mais pour les masses; quand ils ont été les guides et l'expression morale des sociétés.

LE SAVANT.

Je me plais à reconnaître que j'avais cédé à un préjugé vulgaire. Vous avez complétement détruit en moi l'opinion que le despotisme fût favorable aux arts, et qu'une classe de riches désœuvrés fût nécessaire à leur succès; mais j'ai une objection nouvelle à vous soumettre. D'après les idées que vous avez précédemment énoncées, les artistes qui, avec les savants, forment actuellement le véritable pouvoir spirituel de la société, devraient participer à la direction des intérêts généraux. Or, persuaderez-vous jamais à la masse que des littérateurs, que des poëtes, que des peintres, que des sculpteurs, que des musiciens, en un mot, que des hommes à imagination, soient capables de figurer utilement dans les conseils qui doivent diriger les grands intérêts de la nation?

L'ARTISTE.

Oui, sans doute, dans l'état actuel des choses, et dans l'organisation sociale qui nous régit, non-seulement les hommes à imagination, les artistes, mais encore tous les hommes à capacité réelle et positive, seraient déplacés dans le gouvernement, et leur participation à la gestion des affaires publiques aurait quelque chose de monstrueux.

Tant que la direction des intérêts généraux sera l'apanage d'une classe d'hommes qui se croient propres à gouverner, par le fait d'une capacité spéciale qu'ils regardent comme la plus utile, la plus positive, et qu'ils croient de bonne foi primer toutes les autres, l'admission de savants, d'industriels, d'artistes, dans cette classe et dans les fonctions qu'elle exerce ne pourra produire qu'un ridicule assemblage, et ne sera jamais qu'une opération bâtarde.

Il sera surtout difficile de persuader à la masse, chez qui les gouvernants ont fini par inculquer certaines idées, que des artistes, qui sont des hommes essentiellement *passionnés* de leur nature, puissent utilement siéger parmi les gouvernants qui, par nature aussi, sont essentiellement *raisonnables*. On sait que, dans leur langue, *raison* signifie *pouvoir;* et ils ont une telle horreur de la *passion,* qu'ils redoutent jusqu'à celle du bien public.

Mais si une fois la capacité de gouverner, qui ne répond plus directement à un des besoins de la société, ou, pour parler avec plus d'exactitude, qui ne répond plus qu'à des besoins secondaires, devenait subalterne par sa position, comme elle l'est en réalité, et cédait la direction des intérêts nationaux aux grandes capacités positives sur lesquelles repose l'édifice social, non-seulement il n'y aurait plus anomalie, mais il y aurait *utilité* et *nécessité* dans la participation des artistes, des hommes à imagination, à la conduite des affaires publiques.

C'est ce que sentirait fort bien la masse ; elle comprendrait que, puisque les arts, c'est-à-dire les travaux de l'imagination, sont essentiels à son bonheur et à ses jouissances, ceux qui les cultivent sont des hommes positivement utiles et dignes de figurer dans une réunion d'hommes *positifs;* d'un autre côté, ce serait aux artistes à réhabiliter la *passion* en dirigeant leurs travaux vers le but commun : « la plus grande amélioration physique et morale de l'espèce humaine ». La masse comprendrait alors que la raison, c'est le bien public, et non le pouvoir; et elle ne reconnaîtrait rien de plus *raisonnable* que la *passion* marchant vers le bien public avec toutes les forces dont elle dispose et qu'elle sait mettre en mouvement.

Il importe de relever à la fois les arts dans l'opinion et dans le système social. Il n'appartient qu'à l'esprit jésuitique de les déprécier, de répandre le dédain sur leurs productions et de les juger avec une supériorité méprisante. Les artistes charment et honorent l'humanité ; ils sont une des nécessités morales du corps social, et ils doivent jouer un rôle important dans l'établissement et dans la mise en action du nouveau système, qui est favorable au développement de toutes les facultés positives, qui n'est hostile que pour le désœuvrement, et qui est essentiellement favorable à la royauté, à la religion, aux arts et à l'industrie, en un mot, à tout ce qui est utile aux hommes.

L'INDUSTRIEL.

Je vous arrête ici. L'intérêt bien vif, bien légitime, que je porte à vos idées, et le désir que je ressens à les voir couronnées de succès, me font prévoir, avec trop de sollicitude peut-être, les obstacles que vous pourrez rencontrer, et me font à moi-même un besoin de m'éclairer sur quelques doutes qui s'opposent à mon entière conviction.

Votre système, dites-vous, est essentiellement favorable à la royauté, à la religion, aux sciences, à l'industrie et aux beaux-arts. Pour ce qui concerne les arts, les sciences et l'industrie, je regarde votre proposition comme évidente. Mais en est-il de même de la religion et de la royauté? Ne s'élevera-t-il pas mille voix qui vous accuseront de porter atteinte à ces deux grandes institutions, de prêcher l'insurrection et la révolte? Ne prêtez-vous pas des armes à la malveillance, qui épie l'occasion de vous accuser, puisque moi-même, qui suis dévoué d'ailleurs à votre doctrine, j'ai besoin que vous me rassuriez à cet égard? Vous direz peut-être que vous reconnaissez là le caractère de l'industrie, toujours timide, toujours craintive. Eh! sans doute nous sommes amis de l'ordre et du repos; nous avons essentiellement besoin de la paix. Vous autres, Messieurs les artistes et les savants, vous bravez facilement les troubles publics: une plume, un pinceau ou un compas sont des objets qui se transportent sans peine, et qui échappent aux tourmentes politiques. Quant à nous, industriels, nous tenons pour ainsi dire au sol; l'idée seule du désordre nous effraie ; nos ateliers, nos fabriques, nos maisons de banque prennent racine en quelque sorte, et nous ne pouvons pas dire, comme ce sage de la Grèce, que *nous portons tout avec nous*. Aussi aimons-nous par-dessus tout la royauté et la religion, choses si bonnes en elles-mêmes, et qui, de plus, sont un gage inébranlable de stabilité et de repos. Je vous prie donc de dissiper en moi des doutes qui me sont pénibles, et que votre caractère seul m'aurait dû peut-être empêcher de concevoir. Mais je veux être éclairé sur le point fondamental ; je veux que ma conviction soit sans nuage, et vous excuserez mes craintes.

L'ARTISTE.

Vos craintes sont trop naturelles pour qu'elles puissent m'étonner ; trop honorables pour que je puisse vous les entendre exprimer sans plaisir. Il me sera facile, j'espère, de les combattre victorieusement et d'attacher entièrement à la cause que je soutiens un aussi précieux auxiliaire.

Des principes pacifiques tels que ceux qui sont proclamés par nous ne peuvent conduire à ce qu'il y a de plus violent, l'insurrection et la révolte.

L'insurrection est désormais presque impossible en France. L'honneur n'en appartient pas au gouvernement qui, dans ces dernières années, a souvent mécontenté les intérêts nationaux : il appartient tout entier à l'influence de l'industrie, des sciences et des beaux-arts, dont les progrès croissants ont entièrement détruit dans la masse l'esprit de turbulence et de désordre, et ont constitué la société d'une manière toute pacifique.

Si quelque chose cependant pouvait entièrement prémunir la société contre la crainte d'insurrections populaires, ce serait la mise en vigueur du système dont nous posons les bases.

Car si la masse se trouvait tout à fait blessée dans ses intérêts matériels, quelles que fussent d'ailleurs ses dispositions pacifiques, elle pourrait recourir à la violence. Le manque absolu de travaux est la seule chose, par exemple, qui, dans la situation présente, pourrait provoquer une insurrection. Le moyen le plus certain de mettre le corps social à l'abri de toute secousse de ce genre, c'est donc d'assurer au peuple du travail.

Or, le but vers lequel nous tendons est de lui assurer à la fois et du travail et de l'instruction, et des jouissances qui soient de nature à développer en lui les sentiments généreux et philanthropiques.

Comment provoque-t-on les insurrections? Comment réussit-on à les produire ? C'est en déterminant les ouvriers à se soustraire à l'obéissance qu'ils professent habituellement pour leurs chefs naturels, c'est-à-dire pour les entrepreneurs de travaux de culture, de fabrication et de commerce ; c'est en leur faisant choisir pour chefs des militaires.

Or, nos principes ont pour objet d'attacher le plus fortement possible les ouvriers aux entrepreneurs des travaux industriels, qui sont, par leur intérêt même, les hommes les plus pacifiques qui existent.

Nous ne laissons donc subsister aucune chance d'insurrection.

Mais il est une insurrection morale que nous fomentons, nous ne nous en défendons pas : nous voulons que tout ce qu'il y a dans la société de sentiments nobles et généreux s'insurge contre la prépondérance du désœuvrement et les envahissements de la nullité.

Notre attachement pour la royauté est sincère, et notre système lui est entièrement favorable, puisqu'il aurait pour résultat immédiat de placer le trône sur des fondements solides, et de lui donner une stabilité plus complète que ne pourraient le faire les baïonnettes européennes.

Loin de reposer sur une base ferme et durable, la royauté sera continuellement en danger tant qu'elle aura pour principal appui la noblesse et le clergé catholique.

Ces deux institutions ne soutiennent plus la royauté ; elles ont perdu toute leur force ; elles pèsent sur la couronne pour qui elles deviennent une charge, et qui seule peut leur communiquer un reste de puissance et d'éclat.

Quand la noblesse formait le pouvoir temporel de la société, quand le clergé catholique en constituait le pouvoir spirituel, la royauté avait raison de s'appuyer sur la noblesse et sur le clergé ; cette association lui était salutaire : elle y trouvait un gage de force et de durée.

Mais actuellement que le pouvoir temporel de la société c'est l'industrie ; que le pouvoir spirituel ce sont les sciences et les beaux-arts, la royauté, dont la mission a toujours été et doit toujours être de diriger ces deux pouvoirs, et de leur faire prendre le plus grand développement possible, ne doit plus chercher de soutien que dans l'industrie, les sciences et les beaux-arts. Là se trouvent désormais son avenir, sa sécurité, sa vigueur.

Nous voulons donner à la royauté pour appui moral toutes les capacités intellectuelles et positives ; pour appui physique la masse entière de la nation. Nous voudrions bien connaître le présomptueux qui se vanterait d'être plus ami du roi que nous.

Quant à la religion, il est impossible de soutenir que nos idées soient hostiles contre elle, puisque nous tendons à la reconstituer comme puissance morale, et à la ramener à l'unité, sans laquelle elle ne peut exercer qu'une influence locale et secondaire.

La religion est dans les beaux-arts ce qu'est la physiologie dans les sciences : elle a un caractère de généralité qui la place en première ligne. Nous désirons qu'elle devienne positive, pour qu'elle puisse occuper une place honorable parmi les autres capacités intellectuelles. Bien plus, nous la concevons comme l'expression vive et animée de l'intelligence générale.

Nous ne sommes pas spécialement catholiques, mais nous sommes évidemment de la religion chrétienne. Nous sommes chrétiens et meilleurs chrétiens que les catholiques, que les calvinistes, que les luthériens, que les anglicans, que les grecs.

Nous sommes de la religion qui encourage et qui honore le travail.

Nous sommes de la religion qui dit aux hommes : « Aimez-vous et secourez-vous les uns les autres ; plus vous ferez de bien à vos semblables, mieux vous suivrez la loi de Dieu. »

Nous sommes de la religion qui a horreur du sang, de la violence, de l'iniquité et de la ruse : nous voudrions bien connaître les hypocrites qui se proclameraient plus religieux que nous.

LE SAVANT.

Il me semble, en effet, que si l'on vous accuse de mauvaises intentions, il vous est facile de prouver que vos intentions sont pures.

Maintenant que vous avez expliqué très-clairement l'action des beaux-arts dans la société, que vous avez relevé leur importance aux yeux des savants, trop accoutumés, en général, à l'exemple d'un célèbre légiste[1], à ne considérer que comme un simple amusement, un simple jeu destiné à reposer l'homme de ses fatigues, et que vous avez également abjuré les préjugés des beaux-arts à l'égard des sciences et de l'industrie, il m'appartient à mon tour de préciser plus que vous n'avez pu le faire, toute l'étendue des services que les savants peuvent rendre à la société, par la combinaison générale de leurs efforts pour l'établissement d'un système de bien public.

C'est une chose bien reconnue, que les progrès des sciences ont puissamment contribué à ceux de l'industrie, à ceux de toute la civilisation. Mais ce qui n'a pas été aussi bien observé jus-

1. « Sous le nom d'arts agréables, je désigne ceux qu'on nomme ordinairement *beaux-arts :* la musique, la poésie, la peinture, la sculpture, l'art dramatique, l'architecture et l'ar des jardins, etc.... Les *jeux* pourraient être compris dans cette classe..... L'utilité, le mérite de tous ces arts est exactement en proportion du plaisir qu'ils donnent, toute autre prééminence qu'on voudrait établir entre eux serait fantastique. Préjugé à part, le jeu d'épingles, à plaisir égal, vaut la poésie; s'il amusait autant, il serait préférable; le jeu d'épingles est à la portée de tout le monde; la poésie ne plaît qu'à un petit nombre d'élus ; le jeu d'épingles est toujours innocent; qui osera donner le même éloge à la poésie?.... » (*Théorie des peines et des récompenses*, par J. Bentham, tome II, pages 257-259.)

qu'à présent, c'est qu'il n'a existé encore entre les sciences et l'industrie que des rapports particuliers, souvent même très-indirects. Or, il semble que les savants sont appelés aujourd'hui à prendre un essor plus élevé, à se constituer dans la société, et à établir des rapports généraux de toute la science avec toute l'industrie; en un mot, l'Académie des sciences doit devenir une institution politique.

Il est vrai que les sciences ont dû leurs plus grands progrès aux méditations solitaires : les savants ont longtemps vécu dans une retraite profonde; étrangers à l'ordre politique, ils se sont crus destinés à un isolement perpétuel dans la société, ne cherchant d'ailleurs de considération morale qu'auprès de leurs pareils, seuls capables d'apprécier l'importance de leurs travaux intellectuels. Rassemblés en académie des sciences pour conférer d'objets scientifiques, enregistrer les progrès des théories, et offrir le tribut de leurs lumières aux différentes branches de l'industrie, les savants ont toujours éloigné de leurs études les considérations politiques; ils se sont strictement renfermés dans le cercle de leurs travaux spéciaux, et ils n'ont même pas encore entrepris de constituer la philosophie générale des sciences, destinée à les unir entre elles.

Telle a dû être la marche du pouvoir spirituel positif qui s'élevait pendant le déclin du système théologique, naguère tout-puissant dans la société. Mais cet état de choses doit changer : l'époque est venue où toutes les capacités positives doivent se constituer et combiner leurs efforts dans l'intérêt du bien public. L'Académie des sciences, je le répète, est appelée à devenir une institution politique. Dès lors les savants démontreront une grande vérité philosophique dans l'ordre des sciences, c'est que les travaux de la haute abstraction dans chaque science particulière, considérée par eux jusqu'à ce jour comme les plus importants, doivent maintenant céder la place aux travaux d'ensemble, suffisamment préparés par les travaux particuliers de chaque branche de nos connaissance, ou, en d'autres termes, que les théories particulières sont assez avancées pour qu'il soit infiniment plus nécessaire de combiner la théorie générale des sciences avec la pratique, que de continuer uniquement à les perfectionner séparément.

Certainement les spéculations scientifiques les plus abstraites, les formules les plus inextricables, les plus transcendantes, ont une utilité future qui n'est pas douteuse. On sait assez que les méditations de Platon sur les sections côniques, dont l'utilité pratique était nulle de son temps, ont préparé les découvertes astronomiques de Kepler, survenu deux mille ans plus tard; mais il est également très-vrai que les travaux scientifiques embrassés dans une vue générale présentent une grande division : 1° des travaux distincts dans chaque science, destinés à en perfectionner les théories et les applications particulières; 2° des travaux d'ensemble, ayant pour objet la philosophie des sciences, et leur application générale aux besoins de la société. Or, il est évident que les travaux d'ensemble n'ont point encore été commencés directement par les académies, et qu'ils sont tellement réclamés par l'état actuel de la société, qu'ils seront aujourd'hui bien plus importants que ceux de l'abstraction la plus sublime.

Lorsque les savants, une fois déterminés à combiner leurs efforts pour l'amélioration générale de la société, auront porté leurs vues sur le corps social, ils seront assurément frappés de la grandeur de leur entreprise.

Jetant les yeux sur la situation morale des

peuples, ils sentiront qu'ils doivent s'occuper sur-le-champ de la réforme de l'éducation publique ; ils lui donneront des bases analogues à l'état actuel de la civilisation, et à sa tendance toute industrielle, toute pacifique. Ils s'entendront avec les artistes pour unir, dans l'éducation, l'action scientifique à celle des beaux-arts, en sorte que le développement de l'individu destiné à exercer dans la société une action utile soit également complet quant au perfectionnement des idées et quant à celui des sentiments sociaux.

Considérant ensuite l'état physique des peuples, ils résoudront ce beau problème :

1° Quels sont, dans l'état actuel de toutes les connaissances positives de l'homme, les moyens à employer pour porter au plus haut degré, le développement de ses facultés, la production?

2° Quelles sont les applications générales de la mécanique ou même de toutes les sciences, au moyen desquelles la classe la plus nombreuse des producteurs verrait augmenter son aisance et diminuer ses labeurs physiques, le prix de la force musculaire humaine augmenter continuellement dans la proportion des procédés scientifiques?

En un mot, les savants entreprendront une série de travaux directs destinés à perfectionner l'ensemble des arts industriels. Déjà l'industrie commerciale doit à leurs efforts des tables de navigation; l'industrie fabricante et agricole, des procédés chimiques et mécaniques.

Mais, comme je l'ai déjà observé, les rapports des sciences avec la société ayant été particuliers et nullement généraux, ils se sont développés lentement, et l'on doit s'attendre, au contraire, aux progrès les plus rapides lorsque la science et l'industrie auront contracté une alliance directe de corps à corps.

On a vu, dans la Révolution, un grand exemple de la force des sciences combinées pour un but d'utilité générale. Appelés pour perfectionner les moyens de défense lors de l'invasion du territoire français, les savants firent des prodiges. Mais depuis, le but et l'impulsion ayant disparu, les savants sont rentrés dans leur cercle accoutumé, et l'on doit convenir que leur mise en activité pour favoriser l'établissement d'un nouveau système social, industriel et scientifique, rencontrera des obstacles insurmontables, tant que l'action administrative ne sera pas superposée à l'action gouvernementale. Car les savants sont bien moins en contact avec la masse de la société, que les artistes et les chefs des travaux industriels. Ils sont presque tous dans la dépendance des gouvernements, qui leur donnent les moyens de poursuivre leurs travaux respectifs. Absorbés par de profondes méditations, ils ont moins de penchant et de facilité que les artistes et les industriels à s'occuper de la chose publique. Et c'est seulement lorsque l'opinion publique, passionnée par l'action des beaux-arts pour l'organisation scientifique et industrielle, aura déterminé le triomphe de la capacité administrative, que le corps scientifique prendra sa place dans la société, et commencera ses grands travaux.

En attendant, les industriels qui dirigent dans ses travaux journaliers le peuple, auquel tout se rapporte en dernier lieu, pourront contribuer de la manière la plus efficace au succès d'une entreprise destinée essentiellement à améliorer le sort des producteurs, à placer dans une position plus avantageuse les hommes d'une capacité réelle et d'une utilité positive.

L'INDUSTRIEL.

Je ne doute pas, Messieurs, que la noblesse

de vos idées, que la philanthropie éclairée de vos sentiments ne doive tôt ou tard vous concilier l'estime et l'appui des personnes qui suivent, comme moi, la carrière des travaux industriels. C'est aujourd'hui seulement que j'éprouve cette conviction; vous m'avez, en effet, éclairé sur une foule de points qui restaient obscurs dans mon esprit, vous avez exposé vos principes avec tant de netteté et de bonne foi, que, si je puis juger des impressions d'autrui d'après les miennes, je dois bien augurer du succès futur de vos opinions.

Il ne faut point cependant vous dissimuler les obstacles qui s'opposeront à ce qu'elles soient immédiatement adoptées dans la classe industrielle. Sans doute les individus de cette classe finiront par apprécier vos idées et par en soutenir le développement; sans doute les chefs de l'industrie ont des moyens tout-puissants de favoriser une entreprise faite dans un but d'utilité générale ; mais il faut auparavant que vous parveniez à les soustraire à l'empire des habitudes, à les soulever de leur sphère habituelle, et surtout à leur montrer un avantage positif dans l'exploitation de votre système.

C'est principalement sur les industriels, engagés dans des séries continues de travaux, que s'appesantit le *joug* de la *routine*, cette éternelle ennemie du bien. Ils se familiarisent difficilement avec des idées générales, et surtout sont dans une perpétuelle défiance contre les *théories*, mot qu'ils appliquent aux choses les plus positives, lorsqu'elles sortent de leur point de vue accoutumé. Ils discourent volontiers sur les matières politiques du jour; ils ont acquis de l'indépendance dans ce qu'ils appellent *leurs opinions;* ils luttent contre chaque abus en particulier, mais ils n'osent regarder en face l'ensemble des abus; ils ne s'attachent qu'à des points superficiels, et n'abordent jamais le fond de la question; ils frondent en détail l'administration, mais ils craignent d'arrêter leur esprit sur tout ce système administratif, entaché du vice général de l'ancienne organisation politique. Affranchis d'hier, ils jouissent de leur liberté sous le bon plaisir de leurs anciens maîtres, qui continuent d'exercer à leur égard une grande prépondérance sociale; et c'est là un véritable obstacle à l'établissement d'un ordre de choses directement favorable à la masse des producteurs. Les *gens comme il faut* obtiennent encore auprès d'eux des déférences et une considération qui prolongent l'existence des débris de la féodalité, et qui prouvent combien ils sont encore éloignés de concevoir leur importance réelle dans la société, et l'immense supériorité d'un industriel, d'un savant ou d'un artiste, sur l'oisif le mieux apanagé. Quand ils entendent dire que la civilisation les appelle à conduire eux-mêmes leurs affaires générales comme ils dirigent leurs affaires particulières, ils s'étonnent, ils traitent de fou celui qui prononce un tel *paradoxe*, ils repoussent loin d'eux une pareille idée. Ils ont été tellement façonnés au joug de l'*administration gouvernementale*, qu'ils se refusent à eux-mêmes la capacité administrative, et moi-même, ce n'est qu'à l'aide de bien longs raisonnements que je suis parvenu à comprendre ce qu'est réellement l'*administration*.

Un homme a paru dans ces derniers temps, qui, le premier, a senti et prouvé l'importance *politique* de l'industrie, qui a franchi le terrain usé des discussions ordinaires et qui s'est placé à un point de vue assez élevé pour apercevoir toutes les relations du corps social, pour en étudier l'organisation à ses différentes époques, pour en découvrir les besoins présents et en proclamer l'état futur. Qu'est-il arrivé? Ce philosophe n'est pas encore compris, et il passe auprès de certains esprits superficiels pour un *cerveau dérangé*[1]; quelques industriels, il est vrai, ont apprécié ses bonnes intentions, et ont paru sentir le prix de sa doctrine et de ses travaux; d'autres, en plus petit nombre, commencent enfin à se passionner pour des idées dont le progrès des lumières et les besoins du temps préparent de jour en jour le développement et le succès avec une étonnante rapidité. Toujours est-il que sa philosophie, qui était de nature à devenir promptement populaire, n'est encore connue que de quelques esprits, et n'a qu'un nombre très-limité de partisans. La seule trace que sa doctrine ait laissée dans la nation, c'est l'emploi fréquent du mot *industriel*, mot créé par lui pour rendre une idée nouvelle, et que ses écrits ont décidément popularisé.

Cependant il faut tout dire, et, après avoir exposé franchement les torts inévitables et invo-

1. Galilée écrivait à Képler, en 1597, « qu'il craignait le « sort de leur maître commun, Copernic, qui, en s'acqué- « rant une renommée immortelle dans l'esprit d'un petit « nombre de lecteurs intelligents, s'était rendu ridicule aux « yeux des sots, qui partout composent le grand nombre. » (*Histoire de l'astronomie moderne,* par Delambre; discours préliminaire, page 28.)

lontaires de l'industrie à l'égard de M. Saint-Simon, ne dissimulons pas ceux du philosophe. Il ne s'est adressé principalement qu'aux industriels, secondairement aux savants et aux artistes. Il a voulu faire entrer directement le corps industriel en activité politique. Cette tentative était impraticable, et elle le demeurera tant que l'opinion publique n'aura pas été fortement influencée par les travaux des sciences et des beaux-arts. Il a aussi poussé trop loin l'investigation des rapports établis entre les industriels marquants et les *non producteurs*. Il a choqué des amours propres, jaloux de juger par eux-mêmes de la convenance de leurs relations; et d'ailleurs, il aurait dû voir que les industriels, dont les plus grands bénéfices résultent aujourd'ui de leurs opérations avec les gouvernements, sont intéressés à ménager jusqu'à un certain point les hommes qui leur sont encore utiles pour leurs affaires particulières et personnelles.

C'est en évitant de pareilles fautes, c'est en suivant une marche plus naturelle et plus sage, que vous pouvez espérer de voir vos idées exercer sur les industriels une rapide et puissante influence; pour les soustraire au joug de leurs habitudes, pour les lancer dans une direction nouvelle, il faut mettre en œuvre d'abord les hommes à imagination et les savants; car ce n'est qu'à la science et aux beaux-arts qu'il appartient de former et de développer une opinion nouvelle en politique, pour décider l'industrie par la perspective que le nouveau système peut être immédiatement favorable à ses intérêts pécuniaires, et offrir une matière utile à ses combinaisons commerciales. Car un fait qu'il faut avouer sans détour (puisque, loin d'être humiliant, il n'a rien que d'honorable), c'est que la passion dominante des industriels, c'est l'amour de l'argent, ou autrement, du travail productif.

Ils soutiendront donc largement les travaux philosphiques du XIXe siècle, lorsque, d'une part, ils y trouveront un avantage matériel et un intérêt positif. Ce résultat est infaillible, quand l'opinion publique aura été suffisamment développée. Alors non-seulement les industriels désireront vivement l'établissement du nouveau système, mais encore les banquiers y trouveront l'occasion d'une opération financière plus fructueuse qu'aucune de celles qu'ils ont effectuées jusqu'à ce jour. Les emprunts publics ne sont devenus possibles que lorsque l'opinion publique a conçu assez clairement quelle en était la nature, et quelles chances de succès elles pouvaient offrir. Il en est de même de la grande opération financière dont nous parlons ; il serait inutile de l'exposer aujourd'hui avec détail, il serait absurde de la tenter. Mais lorsque le temps de la commencer sera venu, lorsqu'en un mot il sera possible d'escompter l'avenir politique des peuples comme on escompte aujourd'hui celui des gouvernements, on sera étonné de la rapidité avec laquelle le nouveau système s'établira dans toute l'Europe industrielle. Les moyens des banquiers sont immenses ; ils sont fort au-dessus de ce qu'ils imaginent, et de ce qu'ils imagineront, tant que leur vue sera bornée par des considérations générales, devenues fausses dans leur application, et dont la force de l'opinion publique peut seule les débarasser complétement. Ainsi, que les savants et les artistes se rassurent si leurs premiers efforts sont pénibles et si le corps industriel qui doit retirer les plus grands avantages de la nouvelle doctrine ne leur prête d'abord qu'un médiocre appui. Soyez sûrs que les industriels, dès que nos travaux auront retenti jusqu'à eux, vous apporteront une franche et entière coopération. En attendant, nous nous efforcerons d'engager ceux d'entre eux qui apprécient déjà l'importance de la doctrine dont nous sommes les disciples, à s'entendre définitivement pour former un centre d'*opinions industrielles* vers lequel nos travaux puissent faire converger toutes celles des opinions actuelles répandues dans la société, qui ne sont pas incompatibles avec les bases de notre système.

L'ARTISTE.

Nous sommes parvenus, Messieurs, à un exposé clair et précis de notre position et de nos devoirs. Nous avons puisé à un foyer commun une philosophie nouvelle; nous éprouvons le besoin de la développer, de la répandre, et de contribuer, chacun selon nos facultés et selon nos moyens, au succès d'application dont nous la croyons susceptible.

Je vous propose de publier d'abord un premier volume de nos travaux. Nous compléterons plus tard, par un second volume, l'exposition des points les plus généraux de notre doctrine.

Il se peut que cette publication n'obtienne actuellement aucune espèce de succès, et ne produise point de sensation,

Nous ne serions point étonnés de cet échec : loin d'en chercher la cause ailleurs qu'en nous-mêmes, nous penserions alors que nous avons mal compris l'esprit de notre époque, et que peut-être notre livre sera apprécié plus tard : loin de nous laisser décourager, nous poursuivrions nos travaux dans le silence avec plus de zèle que jamais, et nous chercherions à exposer d'une manière plus conforme au goût du temps des principes philosophiques auxquels rien ne pourra nous faire renoncer, parce que nous sommes dans la conviction intime qu'ils sont vrais et salutaires.

Si, au contraire, notre ouvrage, empreint de bonne foi, de franchise et d'amour du bien public, excitait, à ces titres, l'intérêt et l'approbation; si nous nous sentions soutenus par l'opinion, et compris par un certain nombre d'esprits impartiaux; si l'on disait que nous sommes des gens à intentions honnêtes, qui, voyant la société en souffrance, ont découvert où était le mal, et montré où était le remède; si, en un mot, nous produisions ce mouvement rapide d'adhésions qui accueille les grandes vérités quand elles sont dites à propos, voici la marche que nous pourrions suivre alors :

Pour le développement littéraire et philosophique de notre doctrine, pour son application à tous les événements du jour, nous publierions un journal.

Depuis que la révolution, longtemps comprimée par le despotisme militaire, a repris sa marche morale, c'est-à dire depuis la Restauration, deux journaux ont paru, exprimant chacun une opinion politique très-prononcée et très-distincte, la *Minerve* et le *Conservateur*.

A l'époque où se publiaient ces deux feuilles, la nation était évidemment partagée entre les deux partis dont chacune était l'interprète et l'organe.

Les écrivains de la *Minerve* défendaient la cause et les intérêts de la révolution, mais ils commettaient la grave erreur de n'en point séparer Bonaparte. Ils avaient à la fois pour lecteurs et pour partisans toutes les personnes attachées à la dynastie de cet empereur, tous les républicains, anciens ou nouveaux, et un grand nombre d'hommes qui croyaient les principes de la révolution compatibles avec le règne des Bourbons. En un mot, la *Minerve* représentait alors l'opinion, sauf ses diverses nuances, de la majorité des Français.

Les écrivains du *Conservateur* étaient franchement et ouvertement attachés aux principes féodaux et théologiques : c'étaient les hommes du passé; ils voulaient l'ancien régime pur; ils faisaient à la révolution une guerre à mort; ils soutenaient, avec chaleur et avec talent, que la France devait regarder cette tumultueuse époque comme l'opprobre de ses annales, en effacer jusqu'à la dernière empreinte, se refaire ce qu'elle était, et reculer d'un demi-siècle comme s'il ne s'était rien passé! Ces écrivains avaient pour partisans une partie du clergé, de la noblesse, et un assez grand nombre de roturiers, dont la révolution avait froissé les intérêts, troublé le bonheur domestique, et qui n'étaient point revenus de l'effroi qu'elle leur avait inspiré. Ces diverses classes de lecteurs constituaient l'extrême minorité de la nation.

La *Minerve* et le *Conservateur*, quoique défendant des opinions contraires, avaient cependant cela de commun qu'elles puisaient toutes deux leurs armes dans les principes du régime *gouvernemental*. Ces deux feuilles ont depuis longtemps cessé de paraître, bien moins parce que l'autorité a pu mettre obstacle à leur publication, que parce que les opinions que toutes deux représentaient se sont peu à peu modifiées, ou ont complétement disparu.

En effet, personne ne rêve plus aujourd'hui la dynastie de Bonaparte ou la République; et, d'autre part, l'idée de rétablir l'ancien régime dans son intégrité n'existe plus que dans quelques têtes frappées de vertige ou de folie. Quant à la Révolution, on n'en craint pas plus le retour qu'on ne songe à en ramener les désordres; on la regarde comme une époque de crise nécessaire; elle n'est plus, dans ses détails, qu'un objet de curiosité et de sensations; dans son ensemble, elle ne produit actuellement que l'idée de grands résultats matériels et moraux qui ne sont guère plus contestés, et le sentiment positif qu'elle a dû servir de transition à l'établissement d'un nouveau système social.

Tant que le nouveau système ne sera point présenté, l'opinion publique restera, pour ainsi dire, en expectative et dans une sorte d'abdication opposante. Nous entendons dire que le nouveau prince qui nous gouverne a opéré la fusion des partis, et que, grâce à lui, il n'y a plus en France qu'une opinion. On exagère, ou l'on ne voit pas bien les choses. Depuis longtemps les partis se mouraient en France, le nouveau prince n'en a pas opéré la fusion, mais peut-être en a-t-il hâté l'extinction totale inévitable. Ses manières franches et aimables, son règne tout extérieur, ont paru montrer à tous la royauté telle que la civilisation devait la faire; mais ce n'est là qu'un des éléments de l'organisation sociale, et on attend le reste. Au lieu de prétendre qu'il n'y a plus en France qu'une opinion, il serait plus juste de dire qu'il n'y a plus d'opinion en France. Charles X, malgré sa juste popularité, ne peut en constituer une à lui seul; il a fait place nette, et rien de plus. Il serait donc possible de faire succéder au *Conservateur* et à la *Minerve,* journaux morts avec les opinions qu'ils représentaient, un journal nouveau, capable de réunir tous les éléments de l'esprit public et de le reconstituer selon les besoins moraux de notre époque.

C'est ce que nous tâcherons de faire si nos premiers travaux sont accueillis avec intérêt, et nous ne bornerons pas encore là notre tâche.

C'est au moyen d'une encyclopédie que les Français sont parvenus à renverser le système théologique et féodal; ce sera au moyen d'une encyclopédie que les Européens parviendront à établir le système scientifique et industriel.

La société peut trouver dans ses longues erreurs, dans ses crises et dans ses agitations passées, assez de matériaux pour faire enfin le résumé complet de ses devoirs et de ses besoins.

Nous tenterons donc de réunir les principaux savants et artistes de France et d'Angleterre pour exécuter une encyclopédie du XIXe siècle.

Dès ce moment nous appelons à nous tous les hommes qui ont l'amour du bien, le désir de coopérer à une grande action morale, et cette bonne foi qui est la vertu de l'indépendance. Nous sommes bien faibles, sans doute, si nous ne considérons que notre nombre ; nous avons moins de lumières que de zèle, moins de talent que de dévouement ; mais, ce qui nous soutient, c'est la conviction que nous sommes associés pour le but le plus noble, le plus grand que la volonté humaine se soit proposé jamais : c'est l'espoir que tous les esprits généreux embrasseront notre cause, se joindront à nos travaux, et que nous serons aidés par tous les talents, auxquels nous montrons un digne emploi de leurs forces. Puissent, enfin, les sciences, les arts et l'industrie, cette grande trinité, former un indissoluble faisceau, et produire, par leur union, ce bien-être complet auquel la société a le droit de prétendre, puisqu'elle en possède tous les éléments !

Paris. — Impr. Paul Dupont, 41, rue Jean-Jacques Rousseau.—1678 7.5

www.ingramcontent.com/pod-product-compliance
Ingram Content Group UK Ltd.
Pitfield, Milton Keynes, MK11 3LW, UK
UKHW012204240726
13966UKWH00002B/571

9 782012 465046